わかったこと、やって来たこと。
そしてまた、わかったこと・・・。

全ては、宇宙が教えてくれた

木村 将人

はじめに

人類が営々と築いてきた科学の進歩により、現代に生きる我々は、多くの「便利さ」を享受しています。しかし、その反面、原因不明の心身の不調を訴える人も、年々増えてまいりました。20年以上も前から、船井幸雄氏や豊岡賢治医師が警鐘を鳴らし続けてまいりましたが、政府も大企業もマスコミも一向に耳を貸す気配がありませんでした。

しかし、最近は、その原因の八割以上が、電気・電子機器から派生する「電磁波」によるものであるという事を発表するお医者さんや識者も増えてまいりました。著書もかなり出回っています。だからと言って、「身の回りから電気・電子機器をすべて遠ざけるしか電磁波被曝から逃れる方法はない」という極論には、誰でも異を唱えることでしょう。日々の生活が出来なくなるのですから。まさか、そのために原始生活に戻れるわけもありません。

こんな状況を踏まえて、私はオッソロシク都合の良いことを考えたのです。

『文明の利器から得られるプラスの面は、百パーセント享受しましょう。そして、そこから発せられるマイナス面は、百パーセントお返ししましょう』

どこのどなたにお返しするのかもわからずに、果たして、こんな身勝手な注文を聞いてくれる相手が居るのか居ないのかもわからずに、三年ほど前にこの分野に足を踏み入れたのでした。

この本は、「授かりもの」としてしか言いようのない過程で身についた、「電磁波被爆解消の技術」のご紹介をはじめ、近年思ってきたこと、やってきたことをまとめたものです。

わが社は農業関係のオンリーワン技術の資材も製造販売していますので、農家さんたちがよく訪れます。

来社してこられる方々にも紹介していますが、ある日の会話です。

「へぇぇ。すごいもんだなあ。これ、木村社長が、発明したのかい」

「俺にこんなもの発明する才覚があると、あんた思うかい。天からの授かりものだよ」

「そうだよなあ。社長にはそんな才覚あるとは思えないよなあ。いっつも、酒ばっかし飲んでるしなあ。そうかあ、授かりものかぁ。それなら、わかるなぁ」

若い頃から「変わり者だ」「非常識な奴だ」「木村のバカが、また、何やら始めたらしいぞ」と後ろ指を指されまくり、背中がかなり固くなっている男の物語でもあります。

同時に、公立中学校の国語科担当の平教員上がりという絵に画いたような世間知らずの男に、しかも、物理、化学、生物学等々の科学的分野をはじめ、医学はもちろん、宇宙の知識さえも中学生レベルでしかない男に、何ゆえに「宇宙の意志」は、数々の「新製品」を授けて下さったのか。

この男は、どういう育ち方をし、どういう成長過程を経てきたのかという事も「種明かし」している本でもあります。どうか、最後までお読みいただければ、うれしいです。

木村将人

目次

第一部　宇宙からの授かりもの

第一章　「オーリングテスト」と「縄文式波動問診法」

我が社のオンリーワン技術

私は昭和17（1942）年生まれで、74歳になる男です。24歳で青森県の公立中学校の国語科の教師になり、58歳で期するところあって退職し、その後、60歳で環境浄化を目的とした会社（企業組合）を創設し、数年後に株式会社に組織変更して今日にいたっております。

世間知らずの教職上がりの男が、よくもまあ、生き馬の目をくりぬくほどの厳しい実業の世界で15年間も生きてこられたものよと、誰よりも私自身が、今さらながら驚いているところです。

その理由をたった一つあげるとすれば、それは、わが社が営業品目にあげてきた数々の工法・農法の90％以上が、わが社の「オンリーワン技術」であったという事をあげられると思っています。

もちろん、友人知人、それに、家族からの筆舌に尽くせぬほどの有形無形の支えがあったことは欠かせない事実です。にもかかわらず、なんといっても他に類のない「オンリーワン」の技術が私に授かっていた、ということを真っ先にあげたいのです。

これがなければ、そもそも、会社の誕生そのものがなかったのですから。

では、物理・化学・生物・数学・農学・医学・宇宙学、その他の一般科学全般の、いわゆる理系の知識技術が皆無に等しい、文字通り青臭い文学青年であり、世間知らずの教職上がりの男が、なにゆえに15年もの間、それら全ての学問を網羅した営業を可能にして会社を存続できたのか。最近に至っては、宗教的・地球的・宇宙的な範疇での貢献が可能になっているのは、なにゆえなのか。その辺の事情をまとめてみたいという思いが、半年ほど前から急速に湧き上がってまいりまして、久方ぶりに「出版」という形でまとめてみたくなった次第です。

オーリングテストの名人医に出会う

わが社の「オンリーワン技術」を説明するのに欠かせないのが、「オーリングテスト」であり、のちにこれを基に独自に開発して名付けた「縄文式波動問診法」という技術なのです。

最初に書きましたように、私は24歳で青森県内の公立中学校教師として県内各地を転々としていたのですが、縁あって赴任した黒石市立黒石中学校では、生徒指導専任教諭という肩書を頂戴し、もっぱら、公教育という狭く限定された枠からはみ出してしまった中学生たちとの生活が中心になったのでした。そんな生活が二校にわたって11年間も続いたのです。その生徒指導専任教諭としての二校目は、青森県浪岡町立（当時）浪岡中学校というところでした。平成元年（1989）の事です。

この中学校は、その数年前に町内五つの中学校が統合した大規模校で、1000人近い在校生がおりました。四月早々に全校生徒の健康診断が行われるのですが、私は職務がら全学年・全学級の学校医による健康診断の場に立ち会うことになりました。

ご多分にもれず、当時は「荒れる中学校」が珍しくない時代でしたので、学校医さんにご迷惑をおかけしては失礼だというので、いわば監視役で生徒指導担当の教師が目を光らせる、というわけです。

生徒数が多かったせいで、学校医も学年ごとに三人のお医者さんが分担しておられました。

私は任務に従って所在無く校医さんの様子を伺っていたのですが、三人目の校医さんになった時、私はわが目を疑いました。その校医さんは、生徒たちの体には一切手も触れることもなく、大きなテーブルの向こう側に横一列に生徒を並ばせると、順番に正面に立たせて、自分はテーブルの下で、なにやら両手をごそごそ動かしているだけなのです。

一人にかける時間も十秒にも満たないものでした。そして、「ハイ、次。ハイ、次」と生徒をさばいていくのです。

正直なところを白状すれば、(何なんだ、このおやじは！　本当に医者なのか) と不信の塊になりながらも、いつしかこの男の挙動にくぎ付けになっていたのでした。

この衝撃的な出会いが、私が生まれて初めてオーリングテストという世界に触れた最初であり、豊岡賢治先生という、オーリングテストの名人医を知りえた瞬間であったのでした。

以後、豊岡先生とは個人的に知己を得て、急速に肝胆相照らす仲となったのですが、豊岡先生は患者さんを診察するときは看護婦さんを仲立ちにして患者さんを診察していましたが、個人的な場では、一人で「診察」して、我々仲間に、健康面のみならず、あらゆる相談ごとに対して実に適切なアドバイスをしてくれていたのでした。

「ひとりオーリングテスト」10万回に挑戦

衝撃的な出会いから一年ほど経った頃と記憶していますが、例によって、楽しい酒を酌み交わしていた時に私は訪ねてみました。

「豊岡先生。先生のように、一人でオーリングテストが出来るようになるには、どのくらい練習すればなれるものですか」

すると、先生はこともなげに、

「そうだなあ。10万回も練習すれば、出来るようになるかもしれないなあ」

その瞬間、私は躊躇なく決断していました。よっし、10万回以上練習してみよう、と。

その日から、来る日も来る日も、あらゆる場面で「ひとりオーリングテスト」の練習をしたのです。

そんな日々が二年ほど過ぎた頃、豊岡先生と二人で、久方ぶりに弘前市内の繁華街を飲み歩いたことがありました。

一軒目の居酒屋で飲んでいる最中に、豊岡先生はトイレに行くといって席を立ち、なかなか帰ってきませんでした。所在無い私は、カウンター内にいる三人の店員さんたちを、頭の先から、目、鼻、口、耳と自己流の「ひとりオーリングテスト」で順々に調べてみました。

すると、一番若い板前さんの鼻の部分を調べたら、指が開くのです。他の2人は何ともないので、指は開きません。

やがて帰ってきた豊岡先生に、

「先生、あの若いあんちゃんは、鼻の調子が悪いんじゃないですか」

と聞いてみました。どれどれと診察していた豊岡先生が、いきなり叫びました。

「本当だ！　木村先生、すごくウデを上げたねえ！」

その瞬間に私は勝手に「免許皆伝」をいただいた！　と一人決めしたのでした。

その後、すっかりいい気分になった二人は、肩を組みながら盛り場を練り歩き、

「せんせい、あのネオンの、上から三番目の店が良さそうですよ」

「どれ、どれ。おお、そうだ。あの店に入ろう」

店に入ると、

「せんせい、あの棚に並んでいる右から三番目のボトルが、体に良い酒じゃないですか」

「おお、そうだ。あれを頼もう。あれなら、悪酔いしない」

といった具合で、夜の街を堪能したのでした。

この日以来、私の「ひとりオーリングテスト」に対しての興味関心は、いやが上にもエスカレートしていき、その「見立て」の精度もまた、ますます高まっていったのです。

「縄文式波動問診法」誕生

時は流れ、私は平成13年（2001）3月、先に書きましたように定年を2年残して教職を辞し、翌年の平成14年（2002）7月に、仲間4人で企業組合縄文環境開発を立ち上げました。

それまで培ってきた環境浄化の技術を世の中に役立てたいとの遠大なる思いからでした。

「わが社の最終目的は、わが社の仕事が無くなって、倒産する事です。それまで、徹底的に、あらゆる環境の悪化場所を浄化してゆきます。」

地元のローカルラジオ番組に出演した時には、このように大言壮語したものでした。

そして、7年後の平成21年（2009）には企業組合を円満解散して株式会社に組織変更し、以後、今日に至るまで代表取締役を務めているのです。

この間、環境浄化のレシピ作りは、一から十まで、全て「縄文式波動問診法」に頼ってきたのです。

当初は「オーリングテスト」という名称をそのまま使っていましたが、この名称は他人が勝手に使えないのだと知って、何かいい呼称はないものかと思案しているうちに、ふと、浮かんできた名称が「縄文式波動問診法」という言葉だったのです。

時々、いろんな人から聞かれます。

「木村さんは、縄文式波動問診法でお聞きするといいますが、いったい、どなたにお聞きしているのですか」と。

最初の頃は深く考えもしないで、「宇宙の意志と細胞さん達です」と答えていたものでしたが、今は、これに「腸内細菌さん達」を加えてお答えしています。

「このヘドロだらけの海を、私の技術で浄化できますか」

と、まずお聞きします。「イエス」というお答えをいただきますと、次に、その期間をお聞きします。「一週間でできますか」「ノー」「二週間でできますか」「ノー」「一か月でできますか」「イエス」といった具合に「イエス」の答えを得るまで、ただ、ただ、お聞きし続けるのです。

こうして、確立されたレシピで手がけた現場は、ほぼ90％以上の確率で成功してまいりました。最初のレシピがうまくいかなくて、途中で「もういいよ」とあきれられて、工事の中断を余儀なくされたことも数ヵ所はありましたが………。

環境改善と「宇宙エネルギー戴パワー」

主なものを上げれば、日量49トンの有機物を焼却する巨大な焼却炉から発生したダイオキシンの数値を0（ゼロ）に近い値まで軽減させたこと、公的機関が管理する飲料水用のダム湖のヘドロ臭を完璧に除去してあげたこと、プロの潜水夫に職場拒否され、あらゆる手を尽くしても解決できないで請負業者が途方に暮れていた漁港工事の現場の水域を、わずか二週間で、底まで澄み切るまでに水質改善した事等々、枚挙にいとまありません。

もちろん、これらの工事のデータや写真、請求書、領収書などの「証拠文書」はとってあります。

最近では、「宇宙エネルギー戴パワー」製品の研究開発、製品化にも「縄文式波動問診法」は欠かせません。欠かせませんという表現は間違いで、「縄文式波動問診法」しか使いません、というのが正しい表現でした。

「この電化製品の電磁波波動は、マイナス一万馬力ですか」

というところから始まって、発するマイナス波動をちょうどゼロにするプラスの馬力数の製品を作るのです。

何しろ、時間・空間を超え、過去・現在・未来にわたって、お聞きすることには、瞬時に「イエス」か「ノー」を教えてくださるのですから、こんなにありがたいことはありません。

そんなバカな、そんな簡単ないい加減なやり方で決めているのか！　と、あきれる方もおられるかもしれませんが、事実なんだから仕方ありません。

ちなみに、二年ほど前からは、希望する方には無償でこの「縄文式波動問診法」のやり方をお教えしています。

基礎基本を体得すれば、あとは本人の練習次第で、幾らでも上達出来るのです。

今では、プロ級の腕前になっている方が何人もおられます。

第二部に登場する、ニューヨーク在住の熊倉祥元さんは、私をして「師匠を超えたね。師匠冥利に尽きますよ」と、メールしたほどの腕前になっておられます。

はるばるニューヨークからやってきて、正味三十分ほどの、手ほどきを受けただけなのに。

今も私は、要望があれば、いつでもどこでもどなたにでも、伝授しているのです。

第二章　「ホ・オポノポノ」と「宇宙エネルギー戴パワー」

平成25年2月、家内に死なれた頃は、会社経営はどん底で、友人知人からの借財もかなりの金額になり、金融機関はどこも相手にしてくれなくなっていました。

ある時などは、支店長に、「社長は、学校の先生をしていたからわかるでしょう。銀行は通信簿の点数が悪い会社にはお金を貸さないのです。」とまで言われました。また、ある方に取引銀行を紹介され、必死に商品の説明をした際には、「こんなものが、売れるわけがないでしょう。目にも見えないし、データにも表れないというような商品は！」と、にべもなく断られ、同行していただいた地元の優良企業の社長さんにご迷惑をおかけしたこともありました。

この頃は、小さなプライドなどとっくに吹っ飛んでいて、「貧すれば鈍する」という精神状態で生きていたのでした。

その頃、所用で上京した時に、駅の地下道などに陣取っているホームレスの方々を横目で見ながら、（なるほど、こういう風に暖をとっているのか）と、人ごととは思えず観察している自分にびっくりしたりも致しました。

それでも何とか持ちこたえられたのは、愛読書になっていた、『奇跡のリンゴ』の木村秋則さんの数冊の本でした。繰り返し繰り返し読んでは、「まだまだ、俺の苦労は秋則さんの半分も行っていない」と、滅入る心を鼓舞し続けて、一日一日必死で生きていたのです。

そんな、経済的な困窮のさなかでの家内の死でしたので、文字通り、打ちひしがれてしまいました。それでも、よたよたと生き続けていたのですが、三か月ほどたって初めて家内が使用していた小さなログハウスの中に入ってみたのです。

この建物は、知人の大工さんが格安で私の書斎として建ててくれたのですが、最初の数か月は物珍しく使っていましたが、やがて空家同然の状態になっていた時に、

「おとうさん。ここ、どうせ使わないでしょう。私にちょうだい」という家内の言葉に、何の未練もなく明け渡していた建物でした。

以来、「私のお城よ」と、家内は自分一人での生活空間としていたのです。

亡くなって三か月ほどは、私はその扉を開くこともできませんでした。

それでも、徐々に心身ともに上向きになったある日、思い切ってその中に入ってみたのです。

八畳ほどの部屋ですが、ミシンや机があり、生活感がそのまま残っていて、窓枠の上の本棚には、びっしりと分厚い本が並んでいました。そのどれもが、私がいまだかつて読んだこともないジャンルのものばかりです。

スピリチュアル系の本が多いのに驚きましたが、ふと、その中の一冊を手に取ってみました。

ハワイの秘法「ホ・オポノポノ」に関するものでした。

その日から、私はこの本をはじめ、家内が読んでいた本を夢中になって読み漁ったのでした。い

つもは、一回読んで次の興味ある本に移って、という読書スタイルでしたが、この時は、一冊の本を繰り返し、繰り返し読んでいました。

読ませられている、という感覚でした。

そういう生活が一年ほどたった頃から、別に尿意をもよおしているのでもないのに、午前二時とか三時になると、ふっと目覚めるようになったのです。

まさに、パッチリと目覚めるという状態なので頭がはっきりしています。せっかく目が覚めたのだからと、就寝前に読んで枕元に置いてある本の続きを読んだり、「ホ・オポノポノ」の四つの言葉を呪文のように繰り返したりしていました。

その内に、ふと、頭の中にひらめくような事柄が浮かんでくるようになってきたのでした。

「そうか、そういう手もあったのか」「へえ、なんだ。こうすればもっと簡単にできるんだ」というように、その時々に取り組んでいた諸問題に対しての「答え」のようなことが、浮かんでくるのです。それは、どこからか声が聞こえてくるというようなスピリチュアル系の人たちがよく言っているようなことではなく、自然にスーッと思い浮かんでくるのです。

強いて言えば、「ひらめき」とか「インスピレーション」という表現が当たっているような状況でした。

最近は、これらの現象は前世（宇宙的視野での）に経験したことを「ただ、思い出すのだ」という事を『エイリアン・インタビュー』という本で知って、なるほど、そういう表現がぴったりだ、と合点しているのですが、その当時はこれらの現象から「宇宙の意志からの授かりもの」という言葉が自然に生まれて、以来、「宇宙エネルギー戴パワー」という名称をずっと使い続けているのです。

第三章　宇宙の意志からの授かりもの

「未明の貴重な時間」を与えられてから数か月たった頃からは、読書中にふと、本の内容とは全く違った事柄が頭に浮かんでくるようになってきたのです。

それこそ、降ってわいたようなアイデアだったり、ちょうどその時期に取り組んでいるレシピへのヒントだったり……。

そんな頃は、後述する沖縄在住の仲宗根さんとの心の交流がずいぶんと深まり、「宇宙の仕組み」なども、徐々に理解できるようになっていましたので、私に授かる様々なヒラメキは、ひょっとすると宇宙の意志からの直接のプレゼントではないのかなと、途方もない考えが浮かんできたのでした。

そんなある日、友人の阿保さんとのおしゃべりの中で、阿保さんから渦巻きの話が出てきたのです。「子供の頭を撫でてあげるときは、右回りでなければだめなんだよ、それが宇宙の仕組みなんだから、」と。

ふーん、そんなものですかと気にも留めないで一週間くらい過ぎたある日の未明に、このことがすごく気になりだして、枕元にあったメモ用紙に筆ペンでグルグルと渦巻きのマークを書いてみました。そしてまた、一週間ほどほったらかしにしていたのです。

そんなある日、何度目かの「ホ・オポノポノ」関係の本を読んでいる時に、ある文面にくぎ付けになったのです。それまで、何回も繰り返して読んだ時にはちっとも気が付かなかった部分でした。「ゼロが一番強いのです。日本にもそれを表す素晴らしい言葉があります。色即是空、空即是色という言葉です」というようなことが書かれていたのです。著者はハワイの方でした。

その瞬間、ガバと起き出して、以前書いていた渦巻のマークに書き込んでいたのでした。

このデザインこそが、宇宙のエネルギーの受信装置の役割を果たしてくれるのだと気が付くのはさらに数か月後の事なのですが、その時は漠然と、「このマークをめがけて、宇宙のエネルギーが、集約的に降り注いでくるかもしれない」と、単純に思っただけだったのです。

さっそく携帯電話を使って試してみました。ベットの端に携帯電話を置き、電磁波発生の有無を「縄文式波動問診法」で調べてみますと、当然ながら指は開きます。次に、このマークの上に置いて同じく調べてみますと、指は開かないのです。

これが、数々の「宇宙エネルギー戴パワー」製品を世に出すことが出来た、基礎基本の第一歩だったのです。

その後、今にして思えば本当にチャチなものですが、製品化して、事もあろうに「特許を取ろう」と、日頃親しくさせていただいている青森県発明協会に持ち込んだのでした。

いろいろと説明したところ、ちょうど居合わせた青森県から委嘱されている弁理士さんともども、口をそろえて、「これは、絶対に特許は取れません」と断言するのです。

どうしてですかと問うと「特許庁の若い職員たちは、宇宙エネルギーだの宗教だのとなれば、絶対にハンコを押しませんから」と。

あきらめて帰ろうとすると、「これは木村社長が発明したものではないと言われましたが、このマークもこの『宇宙エネルギー戴パワー』という名称も木村社長さんが作ったものでしょうから、商標登録だけは取っておいた方がいいですよ」と、アドバイスをいただいたのです。

早速申し込んで数か月後に許可証が届きました（次ページ）。

なお、このマークは名刺その他のパンフレットに、そのまま使用しています。

この宇宙からいただいたエネルギーパワーのエネルギーは、その後、ほぼ毎日のようにパワーアップするヒントが浮かんでまいりまして、単位をつける必要があると思い、その頃、様々なアドバイスをいただいていた友人の阿保さんが良く口にする「オームストロング」という単位名をつけて差別化していたのです。そのパワーの強弱はもちろん「縄文式波動問診法」で調べます。

ところがそのうちに「オームストロング」というカタカナ語が馴染めなくなってきて、何か日本語のいい名称がないかなあと思っていたら、ある朝、「馬力」という、いかにも日本的な力を表す名称が浮かんできたのでした。

それから以後は、全てに「馬力」という呼称をつけているのです。

この製品は一万馬力だから、これを基準にすれば、これは何馬力ですか、と例によって「縄文式波動問診法」で決定するのです。

商標登録証
(CERTIFICATE OF TRADEMARK REGISTRATION)

登録第５７３２９４１号
(REGISTRATION NUMBER)

商標
(THE MARK)

指定商品又は指定役務並びに商品及び役務の区分
(LIST OF GOODS AND SERVICES)
第１６類　　紙類，文房具類，印刷物，書画

商標権者　　青森県平川市八幡崎宮本８８
(OWNER OF THE TRADEMARK RIGHT)
木村　将人

出願番号　　商願２０１４－０６９６７４
(APPLICATION NUMBER)
出願日　　平成２６年　８月　６日 (August 6,2014)
(FILING DATE)
登録日　　平成２７年　１月１６日 (January 16,2015)
(REGISTRATION DATE)

この商標は、登録するものと確定し、商標原簿に登録されたことを証する。
(THIS IS TO CERTIFY THAT THE TRADEMARK IS REGISTERED ON THE REGISTER OF THE JAPAN PATENT OFFICE.)

平成２７年　１月１６日 (January 16,2015)

特許庁長官
(COMMISSIONER, JAPAN PATENT OFFICE)
伊藤　仁

現在、授かった「宇宙エネルギー戴パワー」製品の内、商品化しているもで、単品で最も強い馬力のものは「一億馬力」で、これは一枚（直径10センチ厚さ5ミリの円形のゴムマット製）で、病院や歯科医院のレントゲン室のあらゆるマイナス波動を中和してしまいます。

友人に変わり者の個人開業医がおりまして、「今の医者たちは、人殺しだ！」と、場所柄もわきまえずにわめき散らす男でした。このお医者さんが、ご自分の医院のレントゲン室で検証してくれたのです。

「レントゲン室に入るときは、いつも口では表現できないような、いやぁな圧迫感があるんですよ。患者さんの手前、そしらぬ顔をして出入りしていますが、いつも憂鬱だったんですが、これを一枚レントゲン室の片隅に置いたら、そういう感覚が全くないのです。変だなと思って、様々な検知器を借りてきて調べても、設置前も設置後も、その数値に変化はまったくないのです。でも、体で感じる感覚は、天と地ほども違うのです。」

この証言で自信を得た私は、さらに何人もの医院や歯医者さんに勧めて買っていただいたのでした。

第四章　「宇宙エネルギー戴パワー」製品の広がり

「宇宙エネルギー戴パワー」商品をお買い上げいただいたお客さんからは、お礼の電話やメールが続々と来るようになり、そんなに喜ばれる商品だったんだと、我ながら驚きと感動の日々が続きましたが、購入してくれる人の範囲はごく限られていました。

そこで、こんなにも今の世に必要な商品ならば、もっと世間に広めなければならないという思いが湧き上がってまいりまして、当時、親しくしていただいていた木村秋則さんを訪ねました。

「目には見えないけれども、大事なことはいっぱいある。来月、東京で五百人くらい集まる会場で一時間半の講演があるから、最後の三十分をあなたに上げよう。そこで説明すればいい」と、信じられないプレゼントをいただいたのです。

当日は、先の変わり者のお医者さんも自費で参加してくれたのでした。

いただいた時間内での私の説明だけでも、会場の皆さんは目を輝かせていましたが、ふと思いついて最後の五分くらいを残す時に、「実は、この会場に私の仲間のお医者さんが来ています。ちょっと変わったお医者さんです。その方に、ご自分の体験をお話ししていただきましょう」と、いきなり振ってみました。

本人は藪から棒であったでしょうが、悠然と登壇して、ご自分の体験を話して下さったのです。

この会場には全国各地から「木村秋則ファン」が集まっていましたので、この日以降、一気に認知度は上がり、売り上げもうなぎ上りになっていったのです。

その後も、全国各地の利用者のお医者さんが口コミで広げてくださいました。

昔の（という事は私の世代の、という意味ですが）口コミと言えば、文字通りの口から耳へ、口から耳へと徐々に広がるわけですが、今の口コミは「ブログ」というネット社会を使用しますので、それこそ、あっというまに全国区になっていったのです。

さらには、山形県東根市の山あいの限界集落に居を構えて、すこぶるユニークな生活様式を確立している、東出融さんご夫妻とのご縁を得て、この方たちが主催する「株式会社あらえびす」さんが代理店になってくれて、全国のお仲間に宣伝してくださったおかげで、販路がさらに広がったのでした。

それを機に、それまでは何の説明書もつけないで、むき出しのまま発送していたのですが、一般の商品らしくしなきゃなあと、初めて気が付いて、商品ごとに説明書を入れた包装仕様にしたのです。

そして、平成27年6月1日を期して本格的な全国販売展開をスタートしたのでした。

その後の売れ行きのすさまじさを数字で表しますと、その年の7月から12月までのわずか半年間で、友人知人から拝借していた1500万円余の借金と、家内が残してくれていた貯金や生命保険等を引き出した、併せて1700万円余もの金額をすべて返済できてしまったのです。

「わが社の2階には、とてつもないお宝がいっぱいおかれているんですよ。ところが今の私にはその2階に上がるはしごがないのです。2階に上がるはしご代を貸してくれませんか」

こんな雲をつかむような借金の依頼に、「今の俺には、これが限度だなあ。すまないなあ、勘弁してくれ」と、200万円を振り込んでくれた大学浪人時代の友人のIさん。「このくらいでいいの」と、依頼の度に50万、30万と合計200万近くも送金してくれた、家内の親友のK女史。

「一度に送れば使ってしまうから」と私の浪費癖を熟知して、毎月50万円ずつ400万円もの援助をしてくれた横浜のH氏。「何にも言わずに、このカードを使って」と100万円、50万円入りのカードをこっそりと渡してくれた、地元のSさん。「これは融資ではない、投資だから気を使わないでね」と、商品紹介のための出版費用を全額出して下さった東京のI氏。「一緒に来い」と私の運転する車に同乗して銀行に走らせて200万円もの現金を手渡してくれた、高校の同級生のT氏。「これ、使って。返さなくていいから」と、わざわざ会社へ50万円を持ってきてくださった、地元のO会長さん。架空の取引書類で、毎月10万円ずつ何か月も振り込んでくださった地元の女社長さん・・・・。その他、実にたくさんの方々から有形無形のご援助をいただきながら、会社を継続させてこられたのでした。

しかも、これらの方々は「お借りしていたお金を返せるようになりました」とご報告しても、「無理するなよ」「もっと、儲けてからでもいいんだよ」等々、ありがたいお言葉を返して下さったばかりか、幾ばくかの「お礼」を加えて返済したところ、その「お礼」の額に見合った商品券やら洋服などを送って下さったのです。

全く夢のような、感謝・感謝の毎日でした。

しかし、この商品は「有効期限は、どのくらいですか」と問われれば「宇宙のエネルギーをいただいている商品ですので、宇宙の続く限り続くと思いますよ」とお答えしている商品ですので、同一商品についてのリピーターを期待できない商品でもあったのです。そこで、それまで商品に加えて、新しい商品開発が緊急の課題として浮かび上がってまいりました。

そこで、いまだにガラケーしか使いこなせないでいたＩＴ音痴の私も、さすがに目が覚めて、会社設立以来改定していなかった「ホームページ」を、全て新しくしたいと思い、知人に紹介された、若いけれど才能があるプロの社長さんに依頼したのでした。同時に、「ネット販売」という分野にも幅を広げ、現在に至っているのです。

「宇宙エネルギー戴パワー」製品のご紹介

ここで、現在商品化されている幾つかをご紹介したいと思います。

縄文キッド

これは写真を見ていただければお分かりのように、直径１５ミリ、高さ７０ミリ、重さ１０グラムほどの、ごく小さな商品です。このケースの中に、いわゆる「宇宙エネルギーの受信装置」が入っているのです。そして、これ一つの馬力数は、1万馬力です。

この1万馬力が基本となって、他の全ての商品、製品の馬力数を決定しています。

これを1個身につけているだけで（ポケットに入れたり、お守り袋に入れて首から下げたり）、自分の全身の1メートルくらいの周囲の電磁波を、全て中和してくれます。飛行機に乗った時確認しましたが、私がポケットに1個忍ばせておくと、前後左右の座席に座っている方々も、飛行機内の強烈な電磁波被曝から解放されるのです。その確認は、もちろん「縄文式波動問診法」でしか調べようがないのですが、事実は事実なのです。

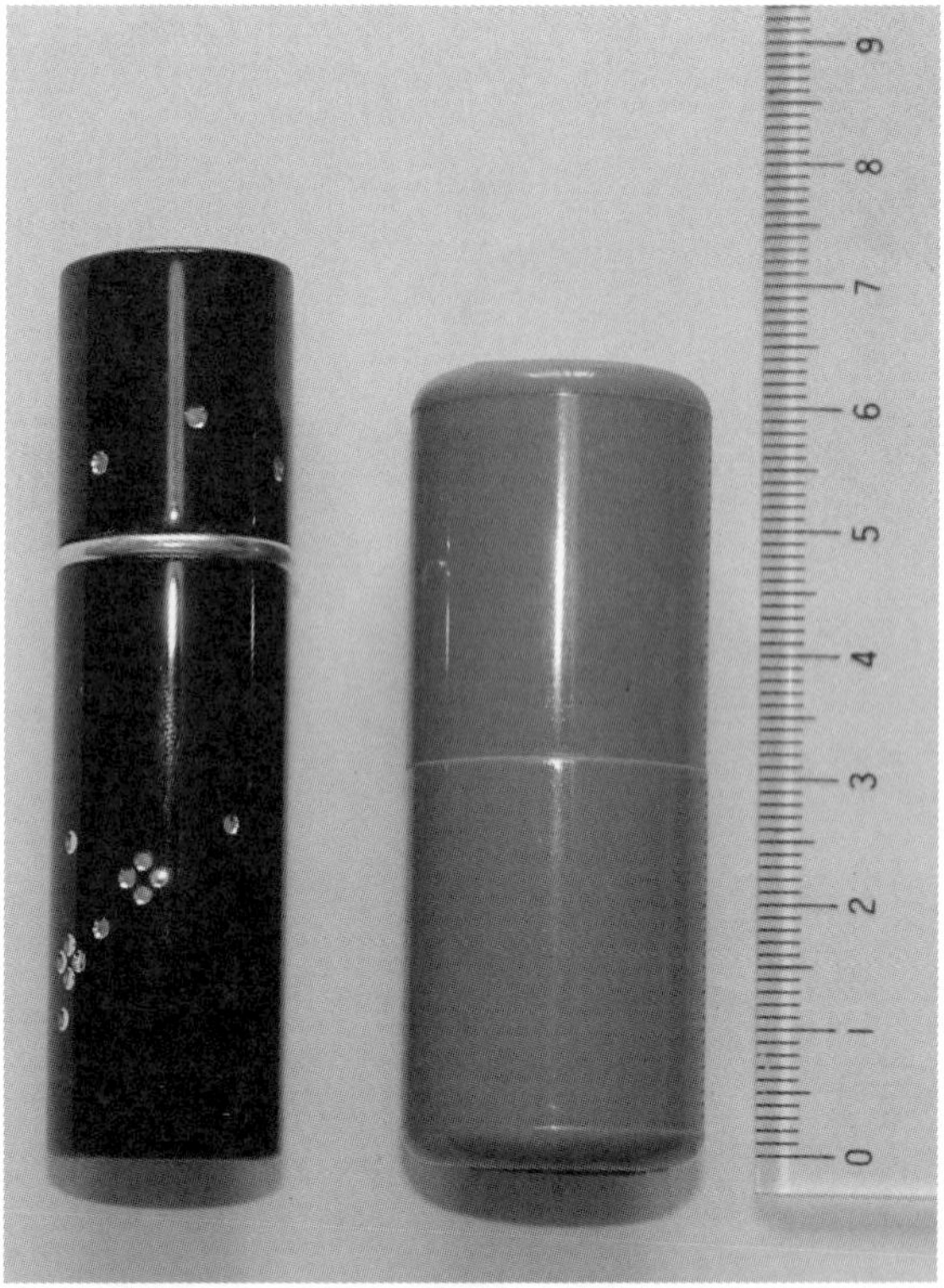

10,000馬力の縄文キッド
右のキッドは海外に行くときに使えます。

IHコンロ用

これはタテヨコ90ミリ、厚さ5ミリのゴムマット仕様になっています。3千万馬力あります。これの誕生にも、ある歯医者さんの存在があったのです。

その先生はある日、奥様孝行のつもりでIHコンロをプレゼントしたのだそうです。そうしたら、その日から奥様の体調がおかしくなり、ご自分もコンロの傍に近づくだけで体が拒否反応を示すというのです。スイッチを入れて、あわててその場を離れるというのです。

そういうご相談を受けて、ＩＨコンロから出る電磁波波動を調べてみましたら、マイナス３千万馬力と出ましたので、「縄文式波動問診法」を駆使してプラス３千万馬力になるような製品を作ってご提供したのでした。

「全く、ウソのように体への悪影響が無くなった」というので、これを商品の一つに加えたのでした。この歯医者さんはその後、ご自分の仕事場を、レントゲン室をはじめ全館電磁波被爆ゼロの状態になるよう様々な商品を買ってくださいました。

乗用車用　電気自動車用

乗用車やトラックなども強烈な電磁波被爆状態になっています。最初は「普通乗用車用」「ハイブリットカー用」と二種類に分けて商品化したのですが、売ってくださる方が説明が面倒だというので、今はハイブリットカー用の馬力数に合わせて「乗用車用」として一本化して販売しています。５千万馬力仕様です。

使い方は簡単で、運転席のマットの下に敷くだけです。７０ミリ四方、５ミリの厚さの小さなゴムマット仕様ですので、運転の邪魔にはなりません。使用していただいた方々から多くの感謝のメールやお電話をいただいています。この商品のお客様に限らず、たくさんの「お客様の声」を、弊社のホームページに記載しています。

ところが最近になって自動車各社メーカーが「新型」と称してガソリンの燃費を抑えるためか、

電気系統を強化した新車を次々に市場に出し始めました。それらの「新車」を調べてみましたら、従来の「乗用車用」では間に合わないことが分かりましたので、新たに「電気自動車用」として新商品を開発いたしました。95ミリ四方、5ミリの厚さで、7千万馬力仕様です。使い方は、「乗用車用」と同じです。

ところで、ここに来て大変な情報が舞い込むようになりました。「これをセットしたら、どうも、燃費がかなり上がるような気がするのですが、そういう効果もあるのですか」という問い合わせが、あちこちから来るのです。「さあ、どうでしょうか。私は電磁波被爆解消のために開発したまでで、燃費までは考えていないのですよ」とお答えしていますが、おそらく、使っていただいた方々が、電磁波被爆から解消されて気分が良くなっているので、気のせいなのかも知れません・・・。

腹巻（腰巻）用

これもゴムマット仕様で、大きさは35ミリ×55ミリ、厚さは4ミリの小さなもので、腹部や仙骨周辺を電磁波被曝から守るために商品化したものです。「体調が元に戻った」という多くの「お客様の声」が寄せられていますが、個人によって様々ですので、詳しくは書けません。

1億馬力

前項に書いた、変わり者のお医者さんの体験から商品化したものですが、適当なネーミングを考える前に世に出てしまいましたので、この製品の馬力数をそのまま商品名にしてしまいました。客層はお医者さん（それも相当変わり者の！）に限られていますし・・・。直径100ミリの円盤状のゴムマット仕様で、厚さは5ミリです。

敷地建物全体ゼロ磁場化工事

使った方でなければ絶対に信じてもらえない商品ですが、100m四方の敷地建物全体の電磁波被曝を解消します。建物の階層の限界は、無限です。平屋でも超高層ビルでも、5個一組で、セットした内側に「ゼロ磁場」の結界を作るようなのです。

効果が及ぶビルの高さは無限です、などというものだから、せっかくの商品を信じてもらえないケースがほとんどなのですが、従って、販売件数もそんなに伸びていないのですが、事実なんだから仕方がありません。なぜ、上方は無限大なのかといいますと、電磁波のマイナス波動を中和してくれるプラスのエネルギー波動は、宇宙から「受信装置」に集約的に注いでくるからです。ですから、高さは関係ないのです。

現在たくさんの電磁波被曝防止のグッズが世に出ていますが、それらのほとんどは「そのものから出るパワー」がもたらす効果のようです。賞味期限もあるようです。しかしながら、冒頭にも記したように、わが社の製品は「宇宙のエネルギーを戴いたパワー」製品ですので、賞味期限を問われれば「おそらく、宇宙が続く限り有効でしょう」とお答えするしかないのです。こういう点が「木村がまた変なものを作ったぞ」と陰口をたたかれる原因にもなっているのですが・・・。

なお、弊社のホームページには、この工事の事例がたくさん載っています。電磁波の有無は写真にも転写されますので、どなたでも「施工前」「施工後」の大きな変化を確認できるように、「証拠の写真」もたくさん載せていますので、興味関心のある方は、ぜひご覧下さい。その確認の仕方も誰でも出来る方法として掲載しています。

「商品」以外の「製品」

私に授かった「宇宙エネルギー戴パワー」は、ある時期は毎日のように新しいレシピが生み出され、ますますパワーアップしていきました。そして、それらの活用方法も、その都度「与えられる」のです。

「お前にこれらの技術を授けたのは、無償で、しかも密かに全国を浄化する使命を与えるためだ。」との「宇宙の意志」からの命令が下ったのだと、私は勝手に解釈して行動に移し始めたのです。

この「商品」が生まれる前は、どんなに重要な会議や営業の機会が東京や大阪にあっても、「当日シルバー割引」の航空券さえ買えないために断念したことが何度もあったのですが、これら商品が売れるようになってからは、そんな心配がウソのようになくなったのです。まるで、「お前の真の使命を果たすために、とりあえず個人からの借金は返せるようにしてやろう。そのための旅費や宿代やレンタカー代は確保してあげるから、心配するな」との「宇宙の意志」からのご褒美がいただけたのだとしか思えないのです。

おかげで、航空券もホテル代も、そして何よりも必要なレンタカー代も「予約」出来る身分になったというわけです。

最初の頃は、先に書いた東出融さんご夫妻と共に全国行脚いたしましたが、途中からは、さらにパワーアップしたことで「お前一人で行動しなさい」と言われたような気がして（「縄文式波動問診法」でお聞きしましたら、「そうだ」とのことで）以後は一人での行動となりました。もちろん誰にも話しません。三人の子供たちにはそれとなく話し、場合によっては「ついでにこれをセットしてきて」と頼んだこともありましたが、ほぼすべての設置は私一人での、秘密の行動でした。しかしながら、この私一人の行動は、たった一人の方にはつぶさに、その都度、報告してきたのでした。

その方こそ、この本の「第二部」に登場していただいている、ニューヨーク在住の在家の僧侶・熊倉祥元さんなのです。

第五章　アトランティス文明との関わり

「宇宙エネルギー戴パワー」商品を発売した当初、津軽新報という津軽地方の黒石市を中心に発行している小さな新聞に広告を出しました。その文面には臆面もなく『世界初の技術』という活字を入れたのです。

電磁波被爆などという言葉さえも無縁の青森県の片田舎の人たちにとっては、「何だあ、これは。また、木村将人が変なものを売り出してるぞ」くらいにしか思われなかったのでしょう。宣伝効果は全くありませんでした。

それからひと月くらいした頃、ふと、「本当にこの技術は、世界最初の技術なんだよなあ」と気になって、「縄文式波動問診法」で調べてみましたら、なんと「ノー」と出たのです。

へえぇ、俺より先にこの技術を発見していた人がいるんだぁ、と、その時は軽く受け止めて、また数日が過ぎました。

ある日、「ところで、最初にこの技術を確立した人は、どこの国の人なんだろう」という興味がわいてきたのです。

「縄文式波動問診法」で日本から始まり、世界中の国々を片っ端からお聞きしても、すべて、「ノー」

なのです。その時初めて、ひょっとしたら、これは今の文明以前の時代の人かもしれないぞと、またまた、知ってる限りの古今東西の文明を順々に過去にさかのぼってお聞きしていきましたが、これまた、全て「ノー」。

そして、ムー大陸、レムリア大陸とさかのぼって、「アトランティス大陸ですか」とお聞きした時、初めて「イエス」という答えが返ってきたのです。

へぇー、アトランティス文明には、すでにこの技術があったんだ、と驚いたものの、それ以上は深く考えることもなく、また、数か月間が過ぎ去りました。

そんなある日の真夜中に、これも以前私が書斎として使用していて、今は有限会社八蜘蛛商会を営んでいる娘たちの事務所となっている部屋の書棚の、いつもは厚いカーテンで隠されている部分が気になったのです。

そのカーテンを開けてみたら、なんと、そこには『アトランティス』という四百ページを超えるぶ厚い本があったのです。

いくら記憶をたどっても、私に買った覚えはありません。パラパラとめくっていたら、数か所に、ページの右肩を少し織り込んでいるのが目に留まりました。これは、家内の読書の時のクセで、家内の書斎から持ち出して読んだ他のどの本にも数か所認めていたのです。

またまた、導かれたか！　と、心素直に納得して、その本を読み始めました。

赤の傍線を引き、欄外にメモ書きしながら、読み通し、二度目も熟読し、三回、四回と繰り返して読みました。

そして、赤線を引いた部分をパソコンに書き写して、その部分に感じた印象をまとめてみたのです。

驚くべき「事実」が、これでもか、これでもかと書かれているではありませんか。

しかも、すでに私に授かっている技術と、その成果とそっくりな部分が！

最近、ある本（『エイリアンインタビュー』）で知ったことですが、人間は誰でも過去世を持っていて、その記憶は人間として誕生してくるときに、全て「忘れさせられている」というのです。

ところが、ごく稀にはその過去世の記憶を「思い出す」事（人）があるというのです。

そういわれてみますと、私が未明の時間に新しい技術を「授かった」と思っていたのは、「思い出した」という表現がぴったりするのです。

目に見えるでもなく、耳に聞こえるでもなく、ただ「ああ、そうか。そういう手があったか」という風に「思い出して」新しいレシピが誕生していたことに気が付いたのです。

あれっ、あの人の名前は何と言ったっけ、とその時は思い出されなかったのが、しばらくして、「ああ、あの人の名はOOさんだった。あの会場で名刺を交換した人だった」と思い出すパターンとそっくりなのです。

そういう事も『アトランティス』という本にはすでに書かれていたのです。

『アトランティス』の中から抽出した箇所と、その時に感じたことを一覧表にまとめたものを次のページから紹介します。

『アトランティス』の本の感想　平成25年12月末　現在

頁	内容	感想
3	本書の大部分は、アトランティスにおけるクリスタルの役割と使用方法に充てられており、クリスタルの大きさ、形、色、機能などが説明されている。	「クリスタル」のそれぞれの用途別を「宇宙エネルギー戴パワー」の各馬力数に置き換えることが可能！
3	レムリア文明は2派に分かれており、一方は愛を表出し、もう一方は好戦的であった。	現在の地球人類もまた、同じか！
17	アトランティスには好戦的な人々は存在しなかった。	アトランティス以外の人種もいたという事か。今の世を見れば、わかるような気がするなあ。
18	紀元前七万七七七年に地球外より初めて宇宙船隊が飛来し、フロリダ沖に着陸した。そして、海面下でアトランティスの復興・再建に着手した。	地底人、のことか・・。今も、存在しているという・・・。
19	アトランティスの動力源はクリスタルであった。	宇宙エネルギーの活用だ！
21	アトランティスには選ばれた魂の集団がいて数百年の寿命を持っていた。彼らはその任務の性格上長い寿命を必要とした、そこで、内臓の老化過程を遅くする特殊なプロセスを用いていた。現在の地球で、選ばれた者が受けるプロセスと類似のものである。これは、エネルギー活性技術により、人体組織の劣化を遅らせるものである。	私が作る「スペシャルドリンク」も、同じことがおきてるなあ。

28	アトランティスは海面下にあったにもかかわらず、長老たちはしばしば地表に上がっていた。当時、他の地域には別の文明が存在していたのである。	「別の文明」は、現在も続いている文明か？
31	クリスタルは強力なエネルギーをもっており、あなたがたが必要とする限り役立ってくれる。	確かに！
33	アトランティスは異星人によって建設された。もともと地球における実験的文明として建設されたものである。	「異星人」の存在は、事実なのだろう。今の科学者たちは否定するだろうが・・・。
39	北極点から約六キロのところに地球内部へ降りていくトンネルが存在する。この付近では大気は清浄で、そこに立つだけで自分が本当に神の波動に包まれているのが感じられるはずである。	この種の書物も多く出版されていると聞くが、私はまだ、読んだことがない。
41	ペルーの離着陸場　この土地にはいわゆる都市は建設されていない。ここは生物を地球に輸送し、目的地へ輸送するための離着陸場であり乗り換え駅である。	宇宙的規模で考えれば、まさしく、信ぴょう性がある！
48	宇宙エネルギーは瞬間的なヒーリングを起こし、病んだ臓器を直すことができる。組織を再生できるためだ。	「宇宙エネルギー戴パワー」製品の「説明書」みたいだなあ。
48	すべてのボルテックス（渦巻き）は、磁気エネルギーと関係がある。これにより引き起こされる変化は永続的であり、その効果も恒久的である。	「宇宙エネルギー戴パワー」の基も、渦巻きだ！

79	マヤ人の移住は徐々に行われたが、すでに完了している。現在彼らは、この恒星系にすらいない。	「マヤ暦」は、正しかったのだ!
80	アトランティスに転生した魂の全てが「長老」の地位を与えられるほどの進化段階にあったわけではない。高度な進化段階に達していたのは、主としてエネルギーやクリスタルにかかわっていた魂であったが、彼らは惑星の表面で意識的なマスターとしての役割を担った。アトランティスでの彼らの任務を継続し、発展させていくためである。	「長老」か。知花先生も「長老」であったのかもしれないなあ。
81	長老たちがはじめて地表に転生した時には、すべての知識、パワー、能力を持って生まれてきた。其れは必要不可欠であった。それなしには仕事を継続することはできなかったからである。初期のプロジェクトはピラミッドを地球上の各地に建設する事であった。ピラミッドは宇宙空間の同胞とコミュニケーションをとり、通信手段を確保するためのものであった。同時に、集めたエネルギーを宇宙船とやり取りしたりグリッド・システム上のボルテックスからのエネルギーを受信できるよう設計されていた。ピラミッドの設計にかかわった人たちに物体浮遊技術を教えたのは長老たちだ。これにより、巨大な石をしかるべき位置に運びあげることができた。あなた方の中にもこのプロジェクトにかかわっていた人が大勢いる。今生のあいだに物体浮遊技術を再び学ぶことになるだろう。	ピラミッド建設の、本当の意味なのか。「物体浮遊技術」が、現代によみがえれば、すごいことになるなあ!
82	長老たちの主要な任務は、今日では失われてしまった技術、能力、経験を再び思い出すことにある。エネルギーを意識レベルで再び「復活」	そうか、「思い出す」が正解で、「ひらめき」なんかではなかったのか。何だか、ストンと腑

	させ、今後使っていくために、それが必要なのである。	に落ちる気がする。
98	アトランティスは浮上する。但し浮上するのは大陸全体ではなく、特定の地域である。万一大陸全体が浮上したら、海面の上昇のために多くの文明が滅んでしまうだろう。	
99	アトランティスの浮上は世界中の国々に衝撃を与えるだろう。もはや、人類の進化にかかわる真実を否定することはできなくなる。特に重要なのは、論理的にも統計的にも証明できない真理が存在することを、科学者がようやく認めることになることである。	「科学的でない！」とふんぞり返っている「科学者たち」は、腰を抜かすだろう！
100	あなた方のところに来たものは、あなた方のものであり、ただ受け取ればよいのである。	そのようにしております！
100	みんなが目覚め、自らの道を見つけるのを援助するため、あなた方の魂をほかの人に体験してもらう時が来ている。小さな一歩ではあるが、これが始まりとなる。そして、人に与え、分かち合う事で、それは10倍になってあなた方に返ってくるだろう。	小さな一歩！ これが始まり！ 人に与え、分かち合う！
112	アトランティス時代からの秘伝（まだ、再発見されていないので秘伝と呼ばれているのだが）は、いずれ復活され、人類に伝えられるだろう。しかるべき時期が来たときにチャネリングされて、必要な情報は与えられるはずである。	「今」が「その時」だとの実感がある。

115	もし「罪」というものがあるとしたら、他人の波動を侵害することは、その最たるものである。それは許されざる行為である。なぜなら、それは他人の自由意思に対する侵害だからである。	多くの医者たちが、患者を脅して不安にさせ、マイナス波動を生じさせているのは、まさに、このことだ。「本物の医者」もいるけれど。
131	あなた方の宇宙は、神の創造物の中の一粒の砂にすぎない。	「宇宙」が砂粒一つか！　その中の「地球」のちっぽけさよ！
131	魂の能力は無限であり、拡大し、成長し、さらに進歩する余地がある。	このことを信じた時に、無限の能力が目覚めるのかもしれないなあ。
133	アトランティスが滅びたのは、自己防衛やコントロールの目的で、エネルギー源をより強化しようと試みたためである。その結果、爆発が起こり、幾つかの「火のクリスタル」が破壊されてしまったのである。これがエネルギーの連鎖反応を引き起こして、アトランティスは壊滅したのである。	「宇宙エネルギー戴パワー」の馬力数の上限を、ゆめゆめ忘るべからず！
133	アトランティスで用いられた建築技術は、地球上のピラミッド建設など、その後数世紀にわたり重要な役割を果たした。その中には石切り技術、物体浮遊技術、石の設置技術、幾何学的技術、表面処理技術などがあった。	なるほど！
134	あなたの武器は拳銃やタンクや戦闘機ではない。あなたの用いるのは波動である。	まさしく「縄文式波動問診法」こそ、最大の武器である！
138	神は地球を「エデンの園」として創られた。	その計画は、頓挫したのであろうか？

138	140	141	144	151
エデンの園は実現するだろう。かって存在していたのであるから、未来にも存在するようになるのだ。この惑星は愛に包まれているのだ。この事実を否定する者、この愛の存在を否定する者は、地球以外の惑星で成長を続けることになるだろう。	これらの文明でもわかるように、完ぺきな文明など存在しないのである。私たちは完璧さを目指すのではなく、成長を志すべきである。成長とは永遠に続くプロセスの事を意味している。「私はすべてを学びつくした」とか「私は限界まで成長した」と言う事は出来ない。そんなことは、決してあり得ないのである。	あなたが生きている間に、失われたアトランティスの技術が、現実のものとなるときが来るだろう。特にクリスタルとレーザー技術の分野は、あなた方の生活においてすでに何らかの役割を果たしている。こうした技術が現実化する時、破壊のためでなく、人類の成長と繁栄に使われることを祈ろうではないか。願わくは、これらの道具が成長のためのものであり、個人的用途や権力のためではないことが理解されんことを。すべては万人のためにあるのだと理解されんことを。このことが理解されたとき「エデンの園」は実現するだろう。	浮上というのは、波動の上昇の事である。	エネルギーに自分を合わせるようにして、そこに存在している知識を受け取るように努めるとよいだろう
「地球以外の惑星人」の末裔が、この地球に存在しているのなら、今の世の中が納得できる!	「死の瞬間まで、成長する。しなければならない。」というのは、まさに、真理であった。	「クリスタルとレーザー技術」の代替として「宇宙エネルギー戴パワー」製品が授かり、世に出された!そして、すでに「お役にたっている」という事実がある。ありがたい!	よくわかる!	「宇宙エネルギー戴パワー」製品を、電磁波のそれぞれのマイナス馬力数に応じて作られるのも、同じ視点か!

152	天然クリスタルは、その分子構造のため、宇宙の磁気的波動の受信機、または送信機として機能する。	「宇宙エネルギー戴パワー」製品は、まさしく、宇宙のエネルギーの「受信機」「受信装置」だったのだ！
152	クリスタルはエネルギー蓄積器の働きもあり、波動を蓄積することが出来る。ただし、クリスタルの中のエネルギーが過飽和状態になった結果、爆発を起こした例もある。アトランティスの崩壊期にそうしたことが発生した。	「宇宙エネルギー戴パワー」製品も、そのパワーが積算され続けているという事実がある！
155	肉体の本当の機能を人類が理解すべき時がきている。あなた方の持っている肉体が、地球上でカルマの表出を行うための道具であるということは、真実である。その主要な機能は、肉体から完璧な波動を作り出し、魂が、その存在の源とコミュニケーションを計るための雑音のない通信路となることである。	「縄文式波動問診法」は、まさに、それであったのか！
	求めれば即座に答えが得られる。何かが必要になると手に入る。何かを作り出したいと望むと作り出される。	これこそ、「縄文式波動問診法」の神髄！
158	人類はここまで生き抜いてきた。おそらく、神は私たちに愛し合うことを望んでいるのではあるまいか。	「おそらく」という表現が、気になる。そうでない方の「神」も存在しているのではないのか。
160	慢性的、末期的な病気に苦しむ人が、一回の治療ですべての病気が取り除かれ、肉体は調和とバランスを取り戻す。悲しいことに医者の中には、これを排斥している人たちもいる。これを実現すると、彼らの医療は役に立たなくなるからだ。しかし、この技術は人類を癒すこ	現在の、日本の医学界、医者たちの生活を言い当てていたのか！「宇宙エネルギー戴パワー」と「縄文式波動問診法」で、これが可能になっている。

	とになるだろう。	
177	ダウン症候群という病気は、誕生前にカルマ的体験として選択される。この病気を持つ子供は、しばしば高度に発達しており、魂のレベルでこのことを意識している。磁気エネルギーをクリスタルで中継することにより矯正できる。この方法は、特にてんかんには効果的である。	「西洋医学」オンリーの医者たちは、真っ向から反対し、無視するだろうなあ。
204	あなた方の惑星の表面に何かが起こるのは、上と下とが協力する結果である。それ以外に何がありうるだろうか。作用・反作用、原因・結果、平衡・反平衡に関する宇宙の法則は、全ての状況において働いている。平衡のとれた作用を起こすには、平衡がとれるようなエネルギー分布が必要なのである。	まさしく「宇宙エネルギー戴パワー」製品そのものを、説明しているような文章だなあ!。
213	(アトランテス人が手術に用いたクリスタルの磁力によるプロセス) あなた方もヒーリングに用いることになるかもしれない。この方法は、磁気エネルギーが肉体の中を流れている必要があるため、あと数年程度は開発段階にあるだろう。現時点では、これらの波動を必要な強度と周波数で活用できる人間は、数人しかいない。	知花先生、仲宗根さん、飯島先生、風天さんが「数人」の中に含まれているのかもしれない。
218	あなた方の成長・進化の過程で、すでにアトランティスでの転生を思い出している人もいるだろうし、これから思い出す人もいるだろう。そのことを思いだすのは、あなた方のエゴを助長するためではないことを説明しておく必要があるだろう。あなたが、そうした知識や認識を奉仕活動に役立てられるようになった時に、それが思い出される。それ以外の目的はない。	まるで、私自身に語りかけてくれているようだ!

218	221
もし、思い出したならば、それを経験し、扱い、その情報やエネルギーを教える準備が出来ているという事なのである。偶然という事はない。すべては計画されている。	「物質転換」　意識で条件を設定することで、望むような姿・かたちの物質に転換するのだ。 こうしたプロセスには常に触媒が必要である。 触媒がないと物質転換は起りえない。この触媒にあたるのが、完全な信念とコントロールであり、感情やエゴをもつ人間にとっては、達成するのは極めて困難なのである。霊は、このことをよく認識している。だからこそ、プロセスを一生懸命に研究し、訓練すべきでなのである。完全な信念を持つ唯一の方法は、望ましい表現手段に沿って、これを実践し、成功を体験するという事である。
ドキリとさせられるほどに、「納得」出来る、今の、私がいる！	「エゴ」を捨て、「奉仕」に徹すれば、物質転換も可能である、という事か！

第六章　あっしのせいじゃあ　ありませんよ

「宇宙エネルギー戴パワー」商品が爆発的に売れるようになるに比例して、たくさんのお客さんから感謝のお電話やメールをいただくようになってまいりました。

「おかげさまで、心身の不調が、ウソのように元に戻りました」

「ペットも、不思議なほどに落ち着くようになりました」

「赤ちゃんの寝つきがすごくよくなって、助かっています」

そんな時、時折私の口から出る言葉があります。

「へえ、それはよかったですね。でも、あっしのせいじゃあ、ありませんよ」

相手様は怪訝な顔をなさいますが、この言葉は家内が生きていた頃から、二人の間では頻繁に交わされていたフレーズなのです。

私は十八歳で上京して、６年間の紆余曲折の東京生活の末、２４歳でようやく大学を卒業して、青森県の公立中学校の国語科の教師になったのですが、生来の無口で、人前でしゃべれるようになったのは高校二年生のころからだったのです。

後年、生徒指導教諭に抜擢されて、種々の講習を受けなければならない羽目になったのですが、ある講習会で「場面緘黙児《かんもく》」という言葉とその意味を初めて知ったのです。

緘黙児とは、人前では一切ものを言わぬ、言えぬ子供で、場面緘黙児とは、家族やその他、特別に心を許した人以外には口をきかない子供、という意味だというのです。

その時、「なんだ、おれは場面緘黙児だったのか」と納得したものでしたが、そういう性格の私が、大学三年生の終わり頃になんと、「国語科の教師」を志していたのです。

これも後で聞いた話ですが、親せきの方々は、「本家の将人さんが、国語の先生になるんだって。あの口をきかない子供が！」とびっくりしたそうです。

我が家は津軽藩の流れを汲み、私はその十五代目でしたので、何かにつけて親せき縁者からは注目されていたのでした。

そんな私でも、東京で自炊での学生時代を何年もしている間に、新宿歌舞伎町をはじめ各地の盛り場を飲み歩いたり、無頼漢まがいの経験もたっぷりとしましたので、人と話すという基本は何とかできていました。

しかしながら、国語科の教師になるためには、ただしゃべれるだけでは務まらないと悟った私は、本格的に寄席に通ったのです。

それまでも、新宿末広亭や上野鈴本演芸場には何度か足を運んだことはありましたが、今度は目的を持っての寄席通いです。

大学四年生の一年間は、毎月三回、上席・中席・下席と十日ごとに出演者が変わる度に新宿末広亭に通い、その日は朝から晩までぶっ通しで聴いていたものでした。

今となれば「昭和の名人たち」と言われている、古今亭志ん生・柳家小さん・三遊亭圓生・三遊亭金馬・三遊亭園歌・古今亭今輔・雷門助六・桂文治・桂歌丸・柳家小三治・柳亭痴楽・桂米朝・春風亭柳昇等々の錚々たる超一流の落語家の名人芸を肌で聴いていたのです。

その目的は、たった一つ、「間」の取り方の勉強でした。

そんな数ある落語の中で、三遊亭金馬の『藪入り』という演目の中の一節が、いたく気にいっていたのです。

こんな話です。

（長屋の住人）

見てごらんよ、ええっ、あのガサツ者の熊さんが、家の前を掃除してるぜ。

あっ、そうか。今日は藪入りだ。何て言ったたっけねえ、息子さんがいたっけ。

みてみなよ、ええっ、あんな、がさつ者でも、息子が帰ってくるってぇのは、うれしいんだねえ。

ちょっと、声をかけてやろうじゃあねえか。

おお、熊さん、おはよう。今日はよいお天気だねぇ。

（熊さん）

ええ、あっしのせいじゃあ、ありませんよ。

（熊さんの奥さん）

およしなさいよ、喧嘩になるじゃぁ、ありませんか。

朝、太陽が出て良いお天気になったって、俺のせいではないという、ちょっとへそ曲がりな、偏屈な江戸っ子の一端を見事に表しているこの一節が、私にはたまらないのです。

家内が生きていた時には、よくこの言葉が行きかったものでした。というのも、家内の実家は代々江戸の職人の家系で、父親は板金職人。お爺さんは大工さん、その前は代々瓦職人でした。お墓も浅草にあり、家内が亡くなった際には分骨して納めています。

父親という人は生粋の江戸っ子堅気で、落語に出てくる江戸っ子そっくりの口調だったし、顔も末広亭でよく見る桂文治によく似ていましたので、初対面で私は文句なくこの親父さんに惚れ込んでしまっていたのです。

まあ、そんなわけで、お礼を言われるときには一種のテレもあって、

「へえ、よかったですねえ。でも、それは、あっしのせいじゃあ、ありませんよ」

と決め台詞を吐いていたのでした。

しかし、その後、「宇宙のエネルギー」とか「フリーエネルギー」に関する本を読み漁っているうちに、この言葉は単なるシャレではなく、真実を含んでいるという事を知ったのです。

つまり、天は（神はと言ってもいいのですが）たえずプラスのエネルギーを全地球上に万遍なく送信してくれているのに、それを受信しなければ、その恩恵をいただくことはできないということなのです。放送局でテレビの電波を送信しても、家庭でそのチャンネルに合わせて受信しなければ、テレビの画面には何も映らないという事と同じだというのです。

「宇宙エネルギー戴パワー」商品をお買い上げくださった方は、宇宙から送信されてきたエネルギーの受信装置をいただいたという事だったのです。しかも、面白いことに、その人の心が「素直」になっている人には確実に「効果」が与えられているという事もわかってまいりました。その逆の例も幾つかあったために、分かった事でした。

ですから、まさしく「宇宙エネルギー戴パワー」商品によって心身の不調が元に戻ったのは、製造販売している私のせいではないという事なのです。

その人ご自身の心の素直さが、宇宙エネルギーの受信装置をスイッチ・オンにしたおかげであったのです。

ですから「あっしのせいじゃあ、ありませんよ」なのです。

第七章　若い頃の断食・水行修行

最近の私の身に起きている様々な神秘現象や超常識現象を思うにつけ、ひょっとしたらあの時のことも少しは関係しているのだろうか、と思う事が思い出されてきたのです。

私は若い頃（３７歳）に成田山新勝寺で一週間の断食修行をしているのです。それも、真冬に水行も兼ねての本格的なものでした。

しかしながら、その動機というのはすこぶる不真面目なもので、その年に知己を得た野本三吉さんという方の弟分として一緒に津軽に遊びに来ていた青年からの、一枚のはがきでした。

「僕は今、千葉県の成田山の新勝寺というところで、断食修行をしています。木村先生も、毎日ビールばかり飲んでいないで、一度、断食修行をしてみたら、いかがですか」

これを読んで、

「なにお、この野郎。生意気な。俺だって、断食修行くらいできるわい。」

と思ったのが直接のきっかけだったのです。

その断食修行の様子は、昭和５９年（１９８４）に出版した『まごじら先生　ぬくもり通信』（津軽書房刊）という本に発表しています。それ以前に勤務していた、青森県平賀町立（当時）小国中学校で三年間担任した十七名の卒業生に毎月発行していた、はがき通信『信愛勇』に書いたものです。参籠堂にガリ版・鉄筆を持参して、リアルタイムで毎日記録したものです。

現在の私は74歳ですから、37歳と言えばちょうど今までの人生の半分の年、という事になります。ここにも、何か運命的なものを感じています。

この本から、所々を抜粋してみたいと思います

十二月二十一日　一日目

十二月二十一日、午後三時十五分。千葉県成田山新勝寺断食参籠堂の一室に落ち着いて、持参のガリ版鉄筆を引っ張り出したところ。

昨日、一時二十五分、青森県三沢空港を発ち、夕べは妻の実家（大田区本羽田）で、おやじさんとイッパイ。

断食修行するなら、本当は三日くらい前から重湯くらいで体を慣らしておくと良いのだというが、二日前は学校の忘年会だったし、一日前は久しぶりの東京のおやじさんとの呑みという事で、むしろ、普段よりもずいぶん飲んだり食べたりした。そのムクイが、これからドッと来るのだろう。

今日は朝から水を茶碗に半分ほど飲んだきり。妻の実家からここまで電車での三時間、ずっと立ちっぱなしできた。空いてはいたけど……。

いよいよこれから二十七日までの断食が始まる。満願の日は、ぼくの三十七歳の誕生日だ。

これも何かの導きなのかもしれないと素直に思う。

午後四時五分、〝水行〟に行ってきた。作法通り素っ裸になり、大きなタライを太い蛇口から勢いよくほとばしり出る水で満杯にし、その水を小さな手桶で右肩に三回、左肩に三回、頭に三回かぶった。そして、いよいよ本番。

本格的な釣瓶井戸で、太いロープを引き上げながら井戸水をくみ上げる。これも、右肩、左肩、頭と三回ずつ浴びる。

最初のタライの時の一杯目を右肩に受けた時、凍え死ぬかと思ったが、勢い込んで最後まで頑張った。本番の時は、ひと桶ごとに気合を込めてかぶった。

八畳間が三部屋続いている参籠堂には、先客が二人いるだけ。その内の一人は、明日が三週間断食の満願とか。しっかりしている。たいしたもんだ。

これから何かをしろ、というのではない。何もするな、メシも食うなというのだから、普通の生活をしている者にとっては、まさに革命的な変化だ。

僕の肉体が、精神が、これからの一日一日どのように変わってゆくのか興味津々というところ。

十二月二十二日　二日目

五時十五分に起き、すぐ「水行」、昨日よりはずっと楽で気持ちよかった。終わったころ若いお坊さんたちが続々と水行場にくる。この方たちは毎日この水行で一日が始まるのだなあと思ったら、それだけで尊敬の念が湧いてきたものだった。

空腹感、全くなし。食事のすぐあとのような感じ。

ところで、ここの成田不動尊は、平将門を封じるために建てられたというわれがあるとか。ウソか誠か、我が木村家は平将門にご縁のある末裔という事になっている。面白いめぐりあわせだと思う。

ありがたいといえば、一番お礼を言わなければならぬのは、他ならぬ我が妻紀子さんである、という思いが、散歩中に唐突に思い出されてきた。

実家に帰りたいだろうに帰ろうともせず（僕は一晩厄介になり、楽しんでいるのに）、七歳の長女、四歳の次女、一歳の長男と、三人もの子供を抱え、僕の両親はじめ親せき縁者の中にあってテキパキとさばいてくれて、この暮れの忙しい時に前後十日以上も亭主に時間を与えてくれるとは。何とももったいない話ではないか。ありがとう、本当にありがとう、紀子さん。

今朝体重を計ってみたら、なんと70キロちょうど。いつもは73キロか74キロで、前日計った時には72キロであったのに、たった一日で2キロ減。もっとも、体重の減り具合は最初だけ目立つというから、あんまり喜んでばかりもいられない。

十二月二十三日　三日目

五時五分起床。頭がズキンズキンして起き上がるのがちょっと億劫だったが、いつの間にか起きてタオルをつかんでいた。今日の水行は実にあったかかった。

水をかぶりながら、人はお不動様に様々な願掛けをするというので、僕も何かお願いしようかと考えながら、一杯、二杯とかぶっているうちに、「ありがとうございます」という言葉がピカッと僕の頭の中で光った。

そうだ。これ以上何を願うというのだ。こうして生かされていることを感謝こそすれ、已れの事で何の願望もないのだと思われたのだ。

しかし、水をかぶっている最中は、そんな殊勝な気持ちになったけど、終わって、水行場から出て、境内を散歩している時などは、あとからあとから人並みの願望がわき出てくる。水行場は、そこにしかない、何かがあると見える。

今朝ふと感じたこと。三日間何も食わなくっても何という事はないこの体が、今までは、朝メシだ晩メシの時間だとわめいていたのがアホみたいに思われる。もっとも、何もしないで水行のほかはブラブラしたり眠っているだけだから、体力を消耗しないこともあろう。それにしても「食」というものを根本から考え直し、実行しなおす必要はありそうだ。

もう一つ。驚くべきことに、昨日も今朝も、ちゃんとした黄色い大便が出てくるのだ。三日前のがまだ入っていたのだ。

午後六時過ぎ、水行を終えて街中をぶらつく。三日目が一番苦しいと言われているから試してみたわけだ。何ともなかった。

それにしてもまあ、なんと食べ物屋の多いこと。この一軒一軒がちゃんと商売が成り立っているのだろうから、ありがたきは人間様の食欲だ。ウナギのかば焼き屋がやけに多い。そのニオイを楽しみながら、ぶらぶらと歩いてみた。ぼくの好みの小さなお猪口でチビリチビリとやっているおじさんたちを見ても、ああ、おいしそうに飲んでるなあ、よかったねえと思っただけ。不思議に自分に返ってこない。まだ、本格的な空腹まで来ていないのだろう。

今朝の水行の後、さらしの腹巻を締めたら、いつもの所で止まらない。おやっと思って考えてみたら、昨日とも違う。いつもだと五回まわして左腹の所で止まるのに、昨日はへその辺りだった。そして、今日は右のわき腹まで来ている。ぐんぐんと腹が締まってきている。そうか、この部分に「貯金」があったから、あんまり空腹感がないのかー。

この分だと明日あたり、餓鬼道の入り口が見えるのかもしれないぞ。今、しきりに、グーグー鳴って信号を送ってきているから。

ここ参籠堂の生活は申し分なし。高価な炭をいくらでも使わせてくれる。この炭火のぬくもりが何とも言えない。係りの人はあくまでも親切だ。これで、一週間二千円では、タダみたいなものだ。羽田のおやじさんは、「なんだあ、飯も食わせないで、二千円も取るのかぁ」と、いかにも江戸っ子らしい言葉を投げかけてきたが……。

十二月二十四日　四日目

五時ちょうどに目覚め、水行場に直行。実にすがすがしい。両肩と頭に合計十八杯。ひと桶ひと桶かぶる度に、確実に心身が清められていくことが実感できる。

水行が終わって７４段の石段を早足で登り、その場で参拝し、すぐまた早足で駆け下りてみたが、快調だった。

参籠堂に備え付けてある書物で、いろんな方の体験談を読むにつけ、自分の体力気力の充実ぶりにあきれている。でも、「人によっては五日目に地獄の苦しみが襲い来る」という文章があったので油断はできない。一週間通して空腹を覚えなかったという人もまれにあったので、ひょっとして僕もその口かな？

今日は、雨。小学生時代以来の本当に久しぶりに唐傘をさして、下駄をカラコロさせて境内を歩いた。これがまた、うれしいのだ。

午前中、昨日来られたフリーの放送作家だというTさんと「氣」の事、「日本のピラミッド」の事、「野本三吉の世界」の事、「霊」のことなど心楽しく語り合う。

散歩から帰って来た、一週間目になるという断食仲間が曰く、「今日はクリスマスイブなんですね」

エッと思って日めくりカレンダーを見れば、なるほど十二月二十四日だ。

朝一番でめくった時は、（さあ、四日目だぞ。後半に入ったぞ）と、気合を入れたのみで、気が付かなかった。よっし、それじゃあ一つ、巷をぶらつき修行して来るか、と繁華街に出かけた。

午後、備え付けの『空寂のこころ』という新勝寺断食籠発行の断食体験者の声を収録している本を読了。「人それぞれ皆違う。他人の苦しみは参考にならぬ。自分は自分の苦しみを一つ一つ克服していくのみ」という文章に最も共感した。

ここの水行場では、かの二宮尊徳翁や作家の倉田百三氏なども修業したのだという。なんとも畏れ多い所へ連れてこられたものだ。

誰の、どういう意志が働いての事なのか、いずれ、はっきりさせられる日が来よう。僕は僕で、静かに確実に僕の道を歩いて行くことにする。

夕方家に電話してみた。ありがたいことに妻子四人とも大元気。ほがらかな声でかわるがわる話してくれた。ちょうど、クリスマスパーティをやっている最中だという。

父がいなくても子供たちを元気いっぱいに楽しませてくれている妻に、心底ありがとうと言いたい。

男の生き方、女の生き方、夫の立場、妻の立場、いろいろあるが、どうも今までの僕は、自分の都合だけで相手を見てきたキライがある。もっと感謝の心を持たなければならないのだ。

十二月二十五日　五日目

水行した後に公園内を二時間半ほど散策する。この時に大発見をした。「気の研究会」の藤平会長は、太陽を直接見ることが出来るという。太陽の光が自分の目に入ってくるのではなく、自分が太陽を見るのだという。

そのことを思いだして、やってみた。完全にリラックスし、気の呼吸法を三回ばかりやって、さんさんと輝く太陽を、見た。見る気で、見た。

と、見えた。満月のように真ん丸と見える。一分間ほどジーッと見ていた。

目をそらして周りを見ても、何ともない。すべてのものが普通に見える。ところが、十メートルほど歩いてハナをかもうとしてちり紙を出したところ、目の焦点が合ったところが、まあるく黄金色に輝いて見えるではないか。ハッとして、あちこちに視線を移してみると、石ころが黄金のように輝き，石段もまた、さんさんと輝いているではないか。

楽しかったねえ。落語の一節のようだが、ふと見ると落ち葉の中に金貨がきらりと光ったので、拾い上げてみると、なんと、それは一円玉であった。でも、うれしかった。

十二月二十六日　六日目

六日目になるけど、いまだ心身ともに元気いっぱい。どうなってるんだろう。空腹の苦しみは襲ってくるけど、耐えられぬほどではない。

十二月二十七日　七日目

四時五十分起床し、すぐに水行。

ついに満願の日を迎えた。しかも、今日は三十七歳の誕生日だ。神仏の絶妙のお計らいに心底、感謝。

日に三度の水行も欠かさずやりおおせた。水行は清々しい。気分もさっぱりする。しかし、水行場に向かう時は、いつも足が重い。朝の時はそうでもないが、昼と夜が大儀だ。特に昨日は、なにやかやと屁理屈を並べてやめようと思ったほどだ。でも、結局は重い足と心を運んでいた。やはりお不動様のお守りがあったからかもしれないと思ったりしたが、僕の場合、この通信を読んでくれている十七人をはじめ、多くの方々の後押しがあって、背中を押されて水行場に向かったのだと思えてならない。

そして、水行の後は心身ともに壮快となる。全く僕は幸せ者だと思う。

ところで体重の減り具合だが、二日目に2キロ減り、その後は一日に0・5キロずつ六日目までコンスタントに減り続け、今日は1キロ減って、結局67キロになっちゃった。それでいて体の調子はすこぶるいい。

昨日、ここの参籠堂の顧問をされているお医者さんが見えて、脈をとりながら、

「不思議だねえ、あなた。六日間も何も食べないでもちっとも変わらないねえ。顔色もいいし、肉付きもいいし」

と言われたのだが、自分でも誠に持って不思議な気がする。

ただ、一つ心当たりがあるのだ。それは、この一週間「気の呼吸法」をしょっちゅうやっていたことだ。お寺の公園を散歩する時、本堂で座っていた時、水行の前後にお不動様の像に対峙した時、そこら中の「気」を全て体内に取り入れる気持ちで呼吸法を行っていたのだ。強い空腹感に襲われた時も「気の呼吸法」をやるとウソのようにそれが消え、軽い満腹感さえ覚えたものだ。

仙人はカスミを食って生きているというのも、ひょっとしてこのことかなと思えたりしたものだった。

終わった。重湯をいただいた。うまかった。二杯半もお代わりした。焼き味噌がうまかった。梅干しもうまかった。ジーンときた。目頭が熱くなった。

さあ、出発だ。

第八章　大人への扉

一昨年（2015年）の冬、ある友人から、弘前市を中心にした地元の呑兵衛たちの面白い会があるからと誘われて出席したことがありました。なるほど、面白い人たちが集っていましたが、この会では投稿者を募って、年に一回小冊子を発行しているというのです。

酔いに任せて、私も参加させていただくことにしたのですが、その時の課題が、表題にした『大人への扉』というものでした。

ちょうどその頃は、精神的にもどん底状態であったので、この機会に自分の内面を見つめなおしてみようと、真剣に取り組んでみたのです。限られた字数の中で推敲を繰り返し、久方ぶりに「文章を書くこと」の醍醐味を味わったのでした。

今回の出版にあたって、私自身の精神生活上の歩みという点から言っても欠かせない内容だと思いましたので、転載してみます。

三年前の年賀状に私は「齢七十にして、ようやく稚心を去れたような気がします。」との一文を書き添えた。

その頃、四十余年前に「熊か猿しか住んでいないのではないのか。」と本気で心配してくれた生粋の江戸っ子の父親の心配を振り切って、下北の寒村の中学校に勤務していた私のもとに嫁いできてくれた家内が、死の床に就いていた。

それから数か月後、家内は帰らぬ人となったのであるが、その時、私は初めてある確信を持ち、葬儀に参集してくださった方々の前で、真っ正直に吐露したのであった。

「家内は三人の子供を産み育ててくれましたが、本当は四人の子供を育ててくれていたのでした。四人目の子供とは、この私でした。」と。

私は若い時から実に多くの恩師と仰ぐ方々や恩人に恵まれてきた。そして、その方々がお亡くなりになった時、一人の例外もなしに私は、その方々のお通夜にもお葬式にも参列してこなかったのだった。もちろん、お墓参りにも。

賀状に「齢七十にして云々」と書いた時に初めて私は「ああ、俺は今までずっと、生母を亡くした九つの時のままの精神状態であったのだ。」と悟ったのだった。

私は生後数か月にして予防接種の医者の不注意から体内にバイ菌が入り、両の足が「腐った大根のようになった」と後年聞かされたような状態になり、幾人もの医者から見放されたのだという。

それでも授かった命を両親は懸命に護ってくれたのであった。横にすればピイピイと泣くので、両親は四六時中交代で幼児の身体を抱きかかえていたという。父は当時小学校の教師をしていたというから、私の命はもっぱら母親の手にゆだねられていたのであった。数か月にわたる両親の必死懸命の看病に、天は憐憫を垂れたもうたものか、体中の毒素は幼児の柔らかな両脚の皮膚を突き破り噴出し、幼児は命を取り留めたのである。そして、その時の痕跡が二十数か所ものケロイドとなって、両の大腿部に渾然と残されたのである。もの心ついてからの私は、そのケロイドの跡を人目に晒されることを極端に恐れた。真夏にも半ズボンを履くことをかたくなに拒み、素っ裸で泥んこになって遊んでいる仲間たちの姿を、少し離れた場所で汗みずくになりながら、ただ見つめているだけの寡黙な少年となっていった。

そんな私が小学一年生になった夏、母が死んだ。

死んだ母は実は生きていたのだよと、泣いて喜び話してくれる父親の姿を、私は何度も夢に見た。その時の母は、にこやかに針仕事をしていた。

安堵し喜ぶ私は、朝になるとまた現実の悲しみに打ちひしがれるのであった。

私の寡黙はますます激しくなっていった。

後年、中学校教師となり生徒指導専任教諭となった時、私は初めて「場面緘黙児」という言葉と意味を知った。ごく親しい家族以外には口をきかない子供の事を言うのだという。

そうか、俺は場面緘黙児であったのかと納得したものであった。

そんな少年の心に、親しい人の死を現実には認めたくないという深層心理が働いていったのかもしれない。

恩知らずな奴と罵られようが、世間の常識に反している男だと陰口をたたかれようが、私はかたくなに、恩師・恩人の葬列に参加することを拒んできたのであった。

参加することで現実を突きつけられることを恐れ、現実から目をそらし続けていた意気地のない子供の姿が、そこにはあった。

そんな私ではあったが、人生最大の大事な存在であった家内が死の床に伏した時、翻然と悟ったのである。

そうか、今までの俺は、大人になりきれない子供であったのか、と。

家内が亡くなって駆けつけてくれたかつての教え子の一人に、私はこのことを告白した。

五十歳を過ぎたこの男は言った。

「俺たちは中学生の時から今まで、みんなそう思っていたんですよ。先生は奥さんが居なければ何にも出来なかったじゃないですか。先生がそういう気持ちになったから、奥さんは安心して逝ったのではないですか。」

この男は、日本の自衛隊が初めて海外（サマワ）へ派遣された時、真っ先に志願し、一升瓶を抱えてやってきて、「せんせい、行ってくるはんで」と笑顔で挨拶に来た男である。

今生のお別れになるだろうなあとの思いをお互いの胸に収め、「おお、行って来い。帰ってきたら、この酒で乾杯しよう」と笑顔で送り出した男である。

彼は私が三十代になったばかりの頃、津軽の山奥の小さな中学校で三年間学級担任をした時の十七人の生徒の内の一人であった。

これは後で知った事であるが「木村先生の奥さんが死んだ」という報が十七人の間を駆け巡り、五十を越えた男たちが電話口でおいおい泣きだして、会話にならなかったのだという。

学級担任の知らないところで、家内は十七人の心の中にしっかりと住み着いていたのであった。

大人への扉。その扉をくぐって、三年。

私は今、ようやく大人としての責任と自覚に目覚め、真っ赤な血潮をたぎらせて日々を送る七十三歳の男となった。

第九章　フリーエネルギー研究の先人から学んだこと

1　飯島秀行先生から学んだこと

昨年お亡くなりになられた方で、一般財団法人テネモス国際環境研究会の理事長をしておられた飯島秀行先生という方がおられます。

数年前、私がまだ宇宙エネルギーパワーを戴く前に、ご縁があって、この先生の書かれた二冊の本を読んだことがあるのです。

『フリーエネルギー版　宇宙にたった一つの神様の仕組み』と『ぜんぶ実験で確かめた　宇宙にたった一つの神様の仕組み』という題名の本でした。

たくさんの写真入りの本でしたが、二度読んでも三度読んでも、全く意味が分かりません。勉強会にも何度か参加して直接お話を伺い、川口市にある先生の研究所にも何度も足を運んで、直接この目で様々な「フリーエネルギー応用の機器」を見せていただいたこともあるのですが、ちんぷんかんぷんで、全く理解できないでいたのでした。

ところが最近、講習会に行った時に求めてきた先生の書かれた『フリーエネルギー』という小冊子を何気なく読み返してみましたら、まるで真綿が水を吸うように、スーッと気持ちよく理解できることに驚きました。

やはり、私のような鈍感な男には、理解するまでにはそれ相当の時間が必要だったんだという事が改めてわかり苦笑しているところです。

そのことを一覧表にまとめてみました。

飯島秀行著（株式会社テネモス刊）『フリーエネルギー』の感想

本文	感想
宇宙には、エネルギーしか存在していないのです。無限大のエネルギーです。だから大宇宙は、フリーエネルギーそのものなのです。	単純明快な、真理なんだなあ。あまりに簡単すぎるから、かえって、理解できなかったんだ！
大宇宙の中に地球が存在しています。地球もフリーエネルギーとして存在しています。そのフリーエネルギーの中に我々人間界が存在しています。したがって我々人間も本質的にフリーエネルギーなのです。	「宇宙からの視点」で見てみれば、なるほどそうか、と思われるなあ。
仏典や聖書を丸暗記すると、天に住めるのではないのです。有限性の心から無限の心に切り替えるだけの事なんです。	なるほど、簡単だ！　しかし、これがけっこう難しいんだよなあ。
有限性の意識は、有限の表現しかできません。無限性の意識は無限の表現に定められています。	絶対に相容れない相手、というのは、こういう仕組み、宇宙の法則があるからなのか！

有限性の心の持ち主は、無限の表現は、絶対不可能という事です。	物質は我々の持つ意識の状態の結果として現れます。フリーエネルギーなど絶対不可能だという人は、有限意識から無限意識に変えることは、絶対不可能だと断言しているようなものです。	宇宙には無限生命という電波が送信されています。無限電波です。自分の心という受信機が有限チャンネルであれば、無限の電波は受信できないのです。無限の電波を受信するには、自分の心を無限周波数に合わせるしかないのです。	そんな現実離れした話があるか、と笑い飛ばす者は、有限性の小さな心の持ち主です。無限を体験した者に、否定する者はいません。 無限を体験するには、無限の周波数に合わせるしかありません。我は肉体、という有限の心から、我は意識なり、と自分の意識を無限のチャンネルに合わせるだけなのです。	なぜ、知恵が働かないかといいますと、意識が無限のチャンネルにセットされていないだけなのです。
これが分かれば、「議論」「説得」は無理なことだし、無駄なことでもあるという事がわかるなあ。	「宇宙エネルギー戴パワー」製品の効果を認めようとしない人たちは、こういう事だったんだ。	「宇宙エネルギー戴パワー」製品は、無限電波(宇宙エネルギー)の受信機であったのだ！ だから、それを使う人には、有限の人でも、宇宙のエネルギーが届いていたのだ！　そして、効果をいただけるのだ！	「なぜ効くのかは理解できないけど、お前が作ったのだから信じられるよ」との、何人かの友人の言葉が浮かんできた。	いわゆる秀才たちは「知識」は豊富だけど、「知恵」が不足しているものなあ。かつての教え子の中の突っ張り達は、「知識」は少なかったけど「知恵」は豊富だった。特に「悪知恵」が！　かく言う、私は、今もそうだ！ ただ、今の世を動かしているのは「秀才たち」だからなあ・・・。

世界中の多くの意識を、有限意識から無限意識に変換して、正しい社会を作り変える以外、地球の存続、人類の存続、全ての存続はあり得ません。

その手段・方法が、我にあり！　と言えば、またまた「変人扱い」されるなあ。でも、たくさんの実例があるからなあ。

汚れ、汚染とは、物質からエネルギーが抜けた状態です。濁った水槽、池などをきれいな水に戻すのには、エネルギーを補充する以外は絶対ないのです。

なぜ、絶対かといいますと、汚れ・汚染の原因は、エネルギー欠乏だからです。

会社を興してから、ガソリンスタンド跡地の油汚染土壌の改善、ダイオキシン汚染の焼却炉の浄化、ヘドロまみれ・悪臭紛々の漁港を一週間で解決したこと、海底砂漠化した海浜の豊饒化、等々ＪＫＫ工法として成功できたのは、知らないうちにエネルギーを補充してあげていた結果だったのか！

食べ残した食器、汗臭い衣類、家の掃除など、全ての汚れ、汚染はエネルギー欠乏なのです。放射能汚染、ダイオキシン、重金属汚染等も例外ではありません。

エネルギーを注入すれば、いいだけなのだ！　授かった「宇宙エネルギー戴パワー」を駆使すれば、あらゆる汚染箇所は、浄化できるという事だ！放射能さえも！

どんな汚染物質も、エネルギーを与えると、自然体に変化するのです。

株式会社縄文環境開発の浄化技術は、知らないうちに、この宇宙の法則にのっとっていたのか！

何とかの法則はこうだから、そんなことはあり得ない、と過去の人間がつくった定義・法則に縛られていては、何も変化しないのではありませんか。

変わり者だ、非常識だと、さんざん言われてきたのは、本当は「真理の道」であったのだ！

常識を変えてこそ、科学の進歩と言えるのです。

「非常識が常識を超える」と、最近盛んに吹聴

固定化した人間がつくった法則を改め、大宇宙がつくった法則に法って、地球の改善に促進していく時期が来ていると思います。	してしてきたこともまた、「真理」であった！ 既得権益者との軋轢を、煩わしさから避けてきたところから脱皮しつつあるけど、やはり、一歩、歩み出すことが必要だったんだなあ。今の歩みは、正解だったんだなあ。
ケミカルの心はナチュラルの心に勝てません。なぜなら、宇宙はナチュラルで構成しているからです。末期がんの治療は、人間も地球もエネルギーを補充する以外ないのです。	ガン治癒の極意、真髄が、こんなに簡単なところにあったとは！　ケミカル信奉の医者たち、真っ青、だなあ。
自然が作った山や川や海などは、本来、無限運動をしているものなのです。自然を閉ざすという事は、無限を閉ざすと同じなのです。 なぜ、自然を破壊するかといいますと、破壊に関連した人の意識が有限だったからです。有限の心の持ち主に何を言っても通じません。	その結果が、日本だけでなく地球のあちこちで「自然災害」という形で表れているのだなあ。「天災」とは、自然破壊された地球の治癒行為だという説が、真実味を帯びてきた！
人（他人）の意識を変える努力をする前に、自分の意識を変える事が重要な行動なのです。有限の心の人に、無限の表現を見せると、ほとんどの人が無限に傾きます。良い品と悪い品を置いておくと、ほとんどの人が良い品を選んで持っていく、と同じ事です。	ここにたどり着くまでが、長かった！ たくさんの人にご迷惑をかけてきた！　家族、友人、知人たちに・・・・。 そして、いまだに、時折惑う自分がいる・・・・。

2　重川風天先生から学んだこと

私の親しい友人の一人に、東京で高木書房の社長さんをしておられる斎藤信二さんという方がおられます。私も何冊かお世話になっていて、懐が寂しい時期には上京するたびにマンションを兼ねている斎藤さんの会社に泊まり込み、ホテル代をうかせていました。

昨年二月の初めに、共通の知人のパーティに参加するために上京した際、開始時間まで間がありましたので、久しぶりに情報交換のおしゃべりをしていた時です。

「そうそう、今度面白い本を出しましたよ。知花先生という、何だか宇宙人みたいな人から学んだという、私が昔から知っている人の本です」

知花先生、というお名前を聞いて私の心に衝撃が走りました。

四年前（平成２５年）に亡くなった家内が何１０年も前から心酔していたお方で、知花先生ご存命中は何度も講話を聴きに出かけていたのでした。その後は二人の娘たちも、母親と一緒に講話を聴きに出かけ、また、毎晩のように知花先生のビデオを見ていたからです。

その当時は「また、変なビデオを見ているな」と苦々しく思っていたものでした。

しかし、家内が亡くなって初めて「知花敏彦先生」の世界に入ることが出来ましたが、何だか敷居が高くて畏れ多くて、直接ご本を読んだりビデオを見るという事はしていませんでした。そのお弟子さんが飯島秀行先生で、何だか知花先生よりも敷居が低そうだと感じて、ご本を読んだり講話を聴きに出かけたりしていたという経緯があったのです。

早速、風天先生の本を送っていただいて、読んでみました。二度、三度と読みました。例によって赤ペン片手に傍線を引き、余白にメモ書きしながら……。

驚くべき事実の連続でした。風天先生の文体がすごく平易でわかりやすく、行間には人間味あふれる温かさが充満していましたので、それまで抱いていた幾つもの疑念がストレートにわかるような気がしたのです。この本は多くの人たちに読んでいただきたいと百冊取り寄せて、友人知人に勧めたのでした。

この本からはたくさんのことを学びました。そのことをまとめたものをご紹介したいと思います。

重川風天著（高木書房刊）『知花先生から学ぶ　風天のおもしろ話』の感想

頁	本文	感想
69	釈迦もイエス・キリストも全く同じことをおしえているのです。弟子らが本当の教えを理解できなかったために、仏教やキリスト教という宗教団体を作ってしまった。	そうだったんだ！
73	知花先生は「宗教は迷いの人たちの集まりで、宗教団体へ入ったら、悟りは不可能に近い」とか、「団体組織をつくることは他と分離してしまう、全てが一つにならず、分離感という力を強くしてしまうので、組織は作らない方が良い」といっていました。	私が、あらゆる組織・団体に入りたくなかったのは、こんな理由があったのか。

84	知花先生は、宇宙エネルギーの発電機や、環境を良くするための微生物や、エコロジーの研究をされていました。	飯島先生に繋がっていた！
94	奥尻島の地震について、「テレビで世界中に津波のニュースが流れ、世界中の人が見たと思います。あの時は、神からの警告として、いくら物やお金を貯めても，一瞬のうちに泡と消えてしまう。物やお金には、価値のないことを気付いて欲しいという意味（エネルギー）があったのですよ」と言われました。	東日本大震災や、熊本地震も同じだなあ。
112	私の実験の多くは、「こうなるはずだ…それを実際に感じる」という思いでやっています。	私も全く同じだ！
113	先生はこの水をジッーと見て「オー、良い水が出来ましたね。この水は原子転換する水ですよ」と言われました。	私に授かった「「宇宙エネルギー戴パワー」水も、同じだ！
114	先生は「私が教えたのではなく、あなたに天啓が降りたのですよ」と言われました。	まさしく、私の場合とおんなじだ！
115	スギナは、空間から葉を通して、宇宙エネルギー（中庸）を吸い込み、根から土の中へ栄養分(エネルギー)を入れ込む役目をしているのです。だから、中庸の珪素が多く含まれているのです。肥えた土地にはスギナは生えないのです。働く役目がないからです。	酸性土壌だから、というのは一理あるけど、本当の理由がわかった。
		恐るべきは「邪気！」☆「縄文キッド」は、この邪気をも中和してくれる働きがあった！

131	邪気（人の出す想念波動で、恨み、妬み、僻み、嫉妬や物欲などの片寄った荒々しい波動）	もう一つ、「オール電化住宅用」４本設置で、家族全員が穏やかになり、職場の雰囲気が和やかになったとの多くの事例報告には、この働きもあったのだ！　電磁波を中和してくれる働きのほかに！
139	「私（太陽）は、善人、悪人、動物、植物、鉱物、全てに平等に一秒も休まず、光を与え続けている」と太陽から聞こえた。	太陽さん、ありがとう！
141	実は、太陽の温度は２５℃以下なのです。熱はないのです。熱は地球の中にある、真っ赤に燃えているマグマの熱が地表から放射されているのです。空間にある熱が太陽の光に触れると一緒になって地上へ降りてくるのです。だから、地表が一番温かいのです。太陽に近い高い山、ヒマラヤなどは熱がなく寒いため、一年中、雪や氷で覆われているのです。	そうだったのか！長年の疑問が、氷解した！
148	サイババ先生は「日本には知花先生がいるでしょう。わざわざインドまでくる必要はないでしょう」と言われたそうです。	畏るべし、知花先生！
157	常在なのは、見えない力やエネルギーで、全宇宙に遍満してあるのです。そのエネルギーは不変で、無限のエネルギーなのです。それは、無限の働きで、全知全能の宇宙エネルギーなのです。	これを「フリーエネルギー」というのか！
161	「全て１００％、まず想念から始まり、想念は必ず実現する」	想念が、すべての始まり！

162	164	165	169	175	176
化学物質からは必ずと言っていいほど、毒性が出るのです。大なり小なりはありますが、「その毒性を消すエネルギーグッズを作ろう」と思いました。	病気、不幸、苦しみ、困ったことなどは、全て偏りなのです。どこで、何が偏っているかが分かれば、中和、調和、バランスとして中庸になれば、全て解決するのです。宇宙の法則です。	宇宙エネルギーとは「宇宙はエネルギーで、エネルギーは宇宙です」という意味です。	すべての毒性は「偏り」です。宇宙のエネルギーを入れることで、バランスが良くなって、偏りが消えるため、毒性が出ないのです。	私がつくるエネルギーグッズは、自然環境をはじめ、地球環境、あらゆる環境を悪くしている原因たるものを、元の方向に戻すこと。	空気を活性化する「銀河の光風」は、この空間にある「恨み、妬み、僻み、嫉妬、欲望という偏った意識エネルギー、邪気を中和して、消して、澄み切った空気に換える空気活性器なのです。空気の他に、空間や周囲のものや肉体に入り込んでいる偏ったエネルギー、邪気を消すことで楽になる、運が良くなる、肉体的にも精神的にも健康になるという実感と、デザインの良さで口コミで広まっています。 エネルギーは、高い方から低い方へ流れる。 私たちの想念、意識は、想念波動、意識波動と言って、とても高い
私にも、出来ちゃった！授かった！	「宇宙エネルギー戴パワー」水には、この働きがある！	私に授かった「宇宙エネルギー戴パワー」とは、こういう意味だったんだ！	「宇宙エネルギー戴パワー」水にも、この働きがある！	「宇宙エネルギー戴パワー」製品も全く同じ目的でつくられ、同じ働きをする！	全ての「宇宙エネルギー戴パワー」製品にもこの働きがあったのだ！ 忘るべからず！ 「縄文式波動問診法」も、この働きによってい

186	190	191	191
エネルギーなのです。そのエネルギーは、どんなものも作り出したり、生かし続けたりする事が出来るのです。	体の中の嫌気性菌が多くなる理由は、化学薬品や化学調味料、酸化した油などは陰性です。うらみ、ねたみ、ひがみ、しっと、欲望などの「マイナス思考」は、陰性エネルギーです。増えれば増えるほど、嫌気性菌が多くなります。酸素が一番大切なのです。やさしさや明るい思いも陽性です。陽性が好気性菌を増やすのです。	細胞の生まれ変わりに時間がかかると、新しい細胞が出てくるまでは、死んだ細胞が一時的にでも塊りのようなものになって，それでも新しい細胞が出てこないと、生命の無くなった細胞がくさったようになってガスを出しているように思われます。行き場のないガスは、同じ場所でガスを増やし動かないために、更に淀んで、ますます悪臭を発生させ毒性化していくのだと思います。	昔の医者は「全て名医」といっても過言ではないと思います。なぜなら、昔の医者は必ず聴診器を使い、体内の音を確かめます。ガスが溜まっているところは「音の質」が違うのですぐにわかるのです。「あっ、この辺だ。この辺にガスが溜まっている」ことを確かめてから、次に手で体を触るのです。手の感触で「ガスの存在」を確かめてから、左手を肌にあて、右手でその左手の上から「トントン、トントン」とリズムよくたたくのです。打診するのです。左手は「陰」で右手は「陽」なのです。陰と陽を合わせて「たたく」という刺激(スパーク)をつくり、出来た「エネルギー光」のようなものをガスにめがけて放射するのです。
たのだ！	腸内細菌の数をも左右している！	これが「癌」の正体であったのだ！ 「転移」の正体であったのだ！	私が浄霊するときに最後に、「御霊よ、霊界に還り給え」と両手を合わせて叩くのは、こういう理由があったのか！

	194	195	196
これで体内のガスを消したり、外へ追い出して、病気のもとを断つのです。これが本当の「手当」なのです。神のつくった人間の体を活用して、想念と行為を同時にして「癒す力」としているのです。	私、風天は「完全なる神が、完全な力で設計し、創り上げた全細胞とその仕組みの働きは、そんなに簡単に壊れる（悪くなる）ことはない」と思っています。レントゲンに写った「白い影」の正体を、しっかりと見極める必要があると思います。「死んだ細胞」の集まり、塊りは、昔のレントゲンの精度では写らなかったのです。それが、今のレントゲンの撮影能力が向上し「白い影」として映し出すことができるのです。更に、死んだ細胞の周りにあるガスが波動として溜まっているので、そのガスが「白い影」として映ってしまうのです。「ガン細胞は転移する」と言われている正体は、そのガスが移動して増えて行くことなのです。	実際、出来上がっているガン細胞があり、それが転移していくケースもあると思いますが，本来、死んだ細胞が増殖することはありません。死んでいるのですから。	完全なる神がつくった、完全なる細胞を壊すことができるのは、万物の霊長たる人間の意識しかないと思います。 そのことが分かれば、解決する方法はいくらでもあると思います。自分たち想念波動でつくったものは、より高い想念波動で元に戻すことができると思います。それを、自己治癒力とか自然治癒力というの
	今の医者たちは、この事実を知らず、いたずらに、癌患者を増やして、懐を肥やしているのか。	目からウロコがポロリと落ちた！	医者にかからない方が長生きする理由がここにあった。言われてみれば、当たり前の事だった！

	です。	
197	全ての病気は「偏った想念波動」で作り出しているので、本人と家族が気が付けば、自分で癒すことができるのです。	「本人」と「家族」が同一認識を持ち、同一行動をとること！
223	地表から下20~30cmの間に「耕盤」と言われる硬い層ができますが、なぜできるのだろうと私なりにいろいろ調べてみました。一つは「重い農業機械が畑に入るため、その重さの積み重ねで土が硬くなる」という説。でも、重い機械を一切使っていない畑でも耕盤はできるのです。もう一つの説は「化学肥料や農薬を多く使用したために、イオン化された「＋ ー」のエネルギーが作用して、土がだんだん硬くなる」というもの。しかし、重機も化学肥料も農薬も一切使ってないのに、耕盤が出来ているところがあるのです。	「耕盤」のできる理由がわかった！ そして、短期間（約一か月）で耕盤はづしが出来るレシピも授かった！
225	筑波にある川田研究所の川田薫博士が開発した「農業用A液」を土に散布すると、放線菌という好気性菌を増やし、その放線菌が大量になり、逆に正反対の働きを持つ糸状菌（カビ菌、嫌気性）がわずかにいることで、農薬の毒を消すことを、川田先生はしっかりと見つけてくれました。放線菌は好気で陽性で男なのです。糸状菌は陰性で女なのです。陰と陽、＋とーが一つになると、光のようなエネルギーを出すのです。それが農薬の毒性を消すのだと思います。毒性とは全て偏りです。光のような調和の超微振動の波動が偏りを中和させ、毒性がなくなるのだと思います。	「JKー1号」と「宇宙エネルギー戴パワー」水で、全く同じ働きをする！
	「耕盤はずし」の実験を、全国数か所でやって、見えてきたことがあ	

227	228	229	229	247
ります。それは、「耕盤をつくったのは、地球の意識だろう」と思うようになりました。「もうこれ以上、地球の内部に毒性を入れこまないためにバリアを張った」それが耕盤だったのだと思います。	毒性は農薬だけではない、ほかにもありました。空気中にあるCO2や、もっと強力な毒性として「邪気」があるのです。「うらみ、ねたみ、ひがみ、しっと、欲望」などの人間の出す偏った想念、想念波動があるのです。特に「しっと」は陰湿で強力な偏りです。「しっと」している人の息をビニール袋に入れて，その毒性を調べたら「一回の息で、数人分の致死量がある」という実験結果もあるそうです。そのCO2や邪気が、雨に含まれ地上に降りてくるのです。	CO2と邪気が一体化して集まっているところへ、太陽の紫外線が当たると「爆発」して「光科学スモッグ」が発生するのです。	耕盤は、農薬やCO2、そして、人間の偏った意識で作り上げた毒性が原因だったと思います。	一九九〇年頃、知花先生はこんな話をしています。「私はかつて、釈迦やイエスを指導したこともある、トートという名前の時もありました。人間として地球に生まれてくる必要はなかったのですが、人類があまりにも低い意識でいるために、地球の北極と南極が入れ替わる、または地球がなくなる。人類が大変なことになるので、やむを得ず、地球に出てきました」
「地球の意識」を忘れるべからず！	恐るべきは『嫉妬』の心。男のやきもちほど怖いものはない、というのは、本当だ。相手とともに自分も滅ぶのだから。	「光化学スモッグ」の正体見たり！	地球さんが最も嫌う要素であったのか！	「トート」とは、アトランティス時代の指導的な科学者のお名前。そうだったのですか！

3　仲宗根宏さんのこと

平成25年の春、家内が亡くなって一か月余が過ぎたころ、いきなり娘たちから、「そろそろ、仲宗根さんの所へ、ごあいさつに行ったら」と言われました。仲宗根さんという方は、愛知県にある株式会社アービーイーを退職され、今は沖縄に住まわれている方です。

私個人としては仕事の関係上、水質浄化の件などで、今は不義理を重ねっぱなしで合わせる顔もないのですが、『森は海の恋人』で有名な畠山重厚氏に会わせて下さったりしていたことも事実でした。だからと言って、家内の死に際してわざわざ沖縄までお礼に参上しなければならないお人だとは、夢にも思ってはいなかったのです。

しかし、娘たちから言われて、家内をはじめ二人の娘が、知花先生と深い関わりのあった仲宗根さんに、何十年も前からお世話になっていたことを初めて知らされたのでした。

そういえば、家内が自宅療養になってから、しばしば、仲宗根さんから何やら特別なお水が送られてきていまして、家内は喜んで飲んでいたのでした。

その頃は私も、人様のために様々なスペシャルドリンクを作っていましたので、時々飲むように促すと、「お父さん、これ、何？」と誰何《すいか》され、中身を話すと、さびしげに笑みを浮かべながら、「それ、いらない」と、か細い声で拒否されていたのです。

しかし、仲宗根さんから送られてくるお水は、ありがたそうに飲んでいましたので、内心面白くありませんでした。

それはそうと、娘から言われたこともあり、また、家内が日頃あこがれていた沖縄へ、分骨していた中から小分けして散骨して来るのもいいなあと密かに思って、沖縄行きを決行したのです。

お会いして、直接、仲宗根さんから詳しい事情を伺ってみると、私は家内の内面生活に全く無関心であったことが、改めて悔やまれるのでした。

「木村社長には悪いけど、木村家では女性群の方が男性群よりも、格が上ですね」と、親密さを増してきた頃に仲宗根さんから言われて、「もちろんです！」と、私と末っ子の長男との我が家の男たちの日頃の生活を振り返って、合点したのでした。

その時は「人格」のことしか頭になかったのですが、本当は「神格」の事をおっしゃっていたのだということが分かったのは、ずいぶん後になってからの事でした。

その日を期して、日増しに私の中で、仲宗根さんの存在が大きくなっていったのです。

その頃、「宇宙エネルギー戴パワー」を授かったばっかりの頃でしたが、新しい作品が出来れば必ずお送りして、点検していただいていました。

仲宗根さんは、その都度、お電話をくださり、「今度のものは、前よりもかなりパワーアップしていますね。しかし、商品とするのなら、もう少しパワーが上がった方がいいね。木村さんなら、出来ますよ」と励まして下さるのです。

おだてられれば、豚も木に登るという性格丸出しの私ですので、さらに「研究開発」に身を入れ、出来上がるとお送りする、という事を4回、5回と繰り返していたのです。

そんなあるとき、うれしいお電話です。

「木村さん。今度のものは電磁波を中和する点では、ほぼ合格だねえ。もう少し工夫してみれば、癒しの面でも面白い効果が期待できるかもしれませんよ。木村さんなら、出来ると思うよ」

そんな経緯があって、現在商品化している数々の「宇宙エネルギー戴パワー」製品の大本が完成したのでした。

そのうちに、直接お会いして直に学びたいという思いが募ってきて、昨年（２０１６年）の６月に再び沖縄に飛びました。

二泊三日の旅程でしたが、那覇空港前にホテルをとり、空港前でレンタカーを借り、１０キロほどの所にある仲宗根さん宅に行き、たくさんの学びを得て……と、結局、他の場所へは見向きもせずに、ホテルと仲宗根さん宅との往復だけの三日間でした。

最初のうちは一方的に私が教えを受けていたのですが、そのうちに、私の「縄文式波動問診法」という技法に非常に関心を持たれ、１００パーセント私のこの技術を信用してくださるようになったのでした。

仲宗根さんは会社生活の第一線からは退かれてはいましたが、日々、既製の「科学的」という枠から外れて、独自の研究開発を続けておられましたので、たくさんの試作品をお持ちでした。

私の「縄文式波動問診法」で「馬力数」を特定できる方法は、仲宗根さんにとっては格好の「武器」となったようで、二日目はほぼすべての時間を、仲宗根さんの試作品の「馬力調べ」に終始したようになってしまったのでした。

「木村さん。僕は、これはこういうパワーを持っていると思うんだが、ちょっと調べてくれる?」

そこで、その場ですぐに「イエス」「ノー」を即断します。何を目的にどういう資材をどのように調合しているのかをお聞きすることもなく、(もっとも、私は化学的素養は皆無に近いので、ご説明されても全く理解はできないのですが)ほぼ瞬時に「答え」をお伝えし続けたのです。

仲宗根さんは、その「答え」を100パーセント信じてくださり、「この溶液の馬力を上げるには、僕はこういう方法がいいと思うんだけど、調べてくれる?」とか、「この溶液の効力の持続性を持たせるために、これをこのくらい添加すればいいと思ってるんだが、調べてみて」と、次から次へと研究途上の試料を持ち出してくるのでした。

私はその都度、ホイホイと気安い気持ちで「縄文式波動問診法」でお答えするだけですので、気楽なものです。

その後、帰ってからは、私の携帯電話に、「木村さん、今大丈夫? ぼく今、右手に持っている物の馬力数を調べてちょうだい」というようなお問い合わせが、二日か三日に一度はかかってくるようになったのです。

そうして「面白いものが出来たから、送るから、試してみて」と、次々と私に言わせれば「ものすごいもの」を惜しげもなく提供してくださるのです。

そのおかげで、私の本職である、土壌浄化や劣悪な河川・湖沼・海などの「環境浄化」に使う資材の効果の度合いが、けた違いに高まってきたのです。もちろん、その基になっているのは、仲宗根さんの得意分野である、宇宙エネルギー、フリーエネルギーの活用技術である事は言うまでもありません。

ちなみに、なかなか世間に広がらない私の今の数々のオンリーワン技術を一気に広めるには、本にして出版するのが一番だよと勧めてくださったのは、仲宗根さんでした。

仲宗根さんは、飯島秀行さんにも出版することを進言なさって実現させていたというのです。

亡き家内と二人の娘たちのおかげで、私は得難い「大恩人」に巡り合えたのでした。

そういえば、ある日仲宗根さんからはこんな言葉もいただいていたのです。

「木村さんの奥さんはね、自分が生きている限り、木村さんはこの世界には目覚められないことを知っていたから、先に往ったんですよ。先に往って待ってるんですよ」

雷に打たれたような衝撃を受けたこの言葉は、私の大いなる救いになったと共に、亡き妻に対して改めての感謝の気持ちが湧き上がって来たのでした。

大事なことを書き忘れていました。

家内が亡くなって数か月の間、心身の膠着状態が続いていた時、仲宗根さんから娘に「お父さんの頭は、酒でぐしゃぐしゃになっている。たった100日間でいいから、禁酒するように」とのお電話をいただいたのでした。

娘からその伝言を聞いて、それまでだったら人様のアドバイスなどには耳を貸さない私でしたが、心素直に従おうと思ったのです。何よりも「たった100日間でいいんだから」という、その条件が妙に私を説得してくれたのでした。

結局、99日間の断酒を貫きました。100日目の満願の日、東京から親しい友人が訪ねてきて、地元の友と共に歓迎した席で、実においしいお酒を飲んでしまい、めでたく満願達成とはいきませんでしたが、この99日間のおかげで、グシャグシャだったと仲宗根さんからお見通しされていた私の頭も正常になり、以後、現在まで続く「宇宙エネルギー」の世界、スピリチャルの世界をまっしぐらに歩み続けられるようになったのでした。

この事ひとつだけをとっても、仲宗根さんは私の「大恩人」であるのです。

第十章　「邪気」ということ

風天先生のご本から学んだ多くの中で、最も心を動かされたのは「邪気」という事です。普段の生活ではあまりなじみのない言葉です。しかしながら、その中身を知れば知るほど重要な意味を持っていることが分かってまいりました。

その頃はすでに「腸内細菌」の重要性を知り、毎日のように会社へ来られるお客さんや出張先でお会いする方々に、その重要性をお話しし、それを爆発的に増やしてくれる『プッシュワン』という、青森市で歯科医をされている對馬人志先生が開発したドリンクを勧めていたのです。

この腸内細菌さんたちの数は、普段の食生活で大きく左右されます。その数値を調べるには、いわゆる科学的・医学的な検査は必要ありません。「縄文式波動問診法」ですぐにそのレベルを教えてもらえるのです。

對馬先生は、このレベルが１００あれば、まずまずの健康体だというのです。普段元気に生活している方々は、ほぼ全員１００から１５０のレベルなのです。

最初の頃、私の腸内細菌のレベルは、最も調子の良い時で２７００レベルで、そこが頂点だと思っていました。ところが、對馬先生からは「自分の腸内細菌が３０００に上がった」「今度は

5000になった」とメールがきます。

そんなバカな、と思って調べてみると、なるほどそうなっているのです。私は相変わらず。良くても2500のラインから伸びません。

そんな生活が半年ほどした時に、風天先生のご本に出会い、「邪気」という存在を知ったのでした。ちょうどその頃、それまでは、誰を許してもあいつだけは許せん！　と心のスミッコに重い石ころを抱えて生活していたのですが、風天先生のご本を読んでいるうちに、いつの間にかその石ころがきれいに消えているのを発見したのです。

それまでは思い出しては癪に障り、酒の席などでその相手の話題になるときなどは「やめろ、その話しは。不愉快だ」と暴言を吐いている始末でしたが、ふと気が付くと、なんだか懐かしささえ覚えるようになっていたのです。

あれっ、ひょっとして「邪気」が消えたのかなと思い、何気なく自分の腸内細菌を調べたら、なんと、10000のレベルを超えているではありませんか。びっくりしました。その後はますます上がり、あっという間に20000のレベルを超え、今は25000ほどのレベルを推移しているのです。

私の腸内細菌のレベルが15000くらいであった頃、ある件である行政の首長さんを尋ねたことがあります。私に身についたオンリーワンの技術でお役にたちたいとの純粋な心から訪問したのでした。お土産もたくさん持参して。

ところが全く話がかみ合わず、私を物売りの業者のように扱い「うちには予算がないから」と全く取り付く島もありません。業を煮やした私は、持参したお土産をそっくりそのまま抱えて庁舎を後にしました。腹の中は煮えたぎっていました。せっかくの行為を無にしやがって。もう、勝手にしろ、と。

車を走らせ一分もした時に、ハッと気づいて自分の腸内細菌のレベルを調べてみましたら、なんと、70から上がらないのです。70のレベルと言えば、病人の入り口に差し掛かっているレベルです。

おうっ、やばい！

即座に心を入れ替え、その日のうちに、首長さんが承諾すれば無償でしてあげようと思っていた作業の準備を整え、日暮れ時を待って、たった一人で密かに闇にまぎれて実行したのです。

その帰途、腸内細菌のレベルを調べたら、ちゃんと1500のレベルに戻っていたのです。「危なかったぁ」と、思わず声に出して叫んでいました。

この自らの経験で「邪気」の恐ろしさを骨身に沁みて味わいましたので、このこともまた、触れ合う人たちにご紹介している毎日です。

風天先生のご本に「邪気」の種類をいくつか紹介していましたが、それ以外にも「邪気」に属する感情があるよなあと思いまして、一覧表にしてみました。そして、ある日、「邪気」の反対はなんだろうと思ったら「無邪気」という立派な日本語があることに気がつきました。次に、それらをまとめた一覧表を載せてみます。

『邪気』の種類と、その対策

邪気		無邪気
恨み（うらみ）	⇒	許し（ゆるし）
妬み（ねたみ）	⇒	尊敬（そんけい）
嫉み（そねみ）	⇒	賞賛（しょうさん）
嫉妬（しっと）	⇒	愛のまなざし
欲望（よくぼう）	⇒	知足（ちそく）
怒り（いかり）	⇒	許容（きょよう）
羨み（うらやみ）	⇒	尊敬（そんけい）
劣等感（れっとうかん）	⇒	自尊心（じそんしん）
嘲り（あざけり）	⇒	賞賛（しょうさん）
不平（ふへい）	⇒	満足（まんぞく）
不満（ふまん）	⇒	満足（まんぞく）
不安（ふあん）	⇒	平穏（へいおん）
軽蔑（けいべつ）	⇒	尊敬（そんけい）
からかい	⇒	ユーモア
脅し（おどし）	⇒	進呈（しんてい）
騙し（だまし）	⇒	贈呈（ぞうてい）
傲慢（ごうまん）	⇒	謙虚（けんきょ）
無視（むし）	⇒	愛
裏切り（うらぎり）	⇒	信頼（しんらい）
短気（たんき）	⇒	のんびり
呪い（のろい）	⇒	言祝ぎ（ことほぎ）
疑い（うたがい）	⇒	信じる
迷い（まよい）	⇒	信念（しんねん）
心配（しんぱい）	⇒	安心（あんしん）
いらいらする心	⇒	ゆったりした心
せかせかする心	⇒	のんびりした心

邪気	無邪気
⇓	⇓
陰性エネルギー	陽性エネルギー
⇓	⇓
体内に嫌気性菌を増やす（腸内細菌を減らす）	体内に好気性菌を増やす（腸内細菌を増やす）
⇓	⇓
病気になる	健康になる

ひとつの「邪気」想念を発すれば、四つの「邪気」想念が返ってくる。
ひとつの「無邪気」想念を発すれば、四つの「無邪気」想念が返ってくる。
これは、『宇宙の、たった一つの法則』です。

第十一章 「十界」ということ

この本の第二部に詳しく書いていますが、ニューヨーク在住の在家の僧侶で熊倉祥元さんという方がおられます。この方とはお会いして間もなく肝胆相照らす仲になり、地元では言ったり書いたりできないことも、全て腹蔵なく吐露することが出来る、本当に貴重な友人なのです。

この方から「仏の十界」という事を教わりました。

十　界

	十　界
1	仏界
2	菩薩界
3	縁覚界
4	声聞界
5	天上界
6	人間界
7	修羅界
8	畜生界
9	餓鬼界
10	地獄界

祥元さんは「縄文式波動問診法」を学ぶために、平成27年10月にわざわざニューヨークから訪ねて来られ、今は「縄文式波動問診法」の名人級の腕前をお持ちになられています。詳しい事は第二部をお読みいただくとして、この「十界」の各界に、思いつくままにいろんな方を「縄文式波動問診法」駆使して当てはめてみたのです。

ああ、やっぱりなあ、と納得する人もいますし、まさかと思う人もあって、興味本位でいろいろな知ってる方々をはじめ、世界の指導者たちや古今東西の宗教家たちを当てはめてみました。不遜極まりない所業とは百も承知していながら、ほぼ一か月ごとに調べているのですが、けっこう、上がったり下がったりする人がいるのです。その一か月間の生活状態が「十界」の世界には如実に表れるのだなあと、自戒しています。もちろんこれは、人様には見せられないし、私一人の胸にしまっています。

ただ、少しだけ書いてみますが、面白いことに現在実業界で活躍されている方々は、大部分が「人間界」に属しており、その中で少数の方々は「天上界」におられるという事です。そして、その月により、この二つの境を上下する方もおられるという事です。

また、著名な方でも「畜生界」や「餓鬼界」に属している方もおられます。

もっとも、「この尺度は祥元さんと木村将人の二人だけの勝手な思い込みだろう」と言われれば「それもそうですね」と、強いて反論する気持ちはないのです。

ちなみに、祥元さんと私の階層は、第二部に書かれています。これまた、二人だけの思い込みかもしれませんが……。

第十二章　「耕盤はづし」ということ

実を言えば、私は風天先生の『知花先生に学ぶ風天のおもしろ話』という本を読むまでは、「耕盤」という言葉もその意味も全く知りませんでした。農薬や化学肥料や重機によって、固くなってしまった地表から10数センチ下の所にある固い層のことを言うのだそうです。ところが、風天先生によればそれらを全く使われていない場所にも耕盤はあり、新たに開墾するのには大型の耕耘機を使用しなければならないほど、大地が固くなっているのだというのです。

そして、その理由として風天先生は次のように書かれていました。

「化学肥料や農薬のほかに、大気中に充満している、人間から発せられている邪気が、雨や雪と共に浸透して行くので、それを嫌う『地球さん』が、もうこれ以上は浸透して来るな、とバリアを張っているのだ」と。

私はこの説に心底合点が行ったのでした。さらに風天先生は「奇跡のリンゴの木村秋則さんは、耕盤をはずすのに5～6年かかったというが、自分は1～2年で成功し、全国各地ですでに使われている」という意味のことを書いておられます。

最初その部分を読んだ時は「へえー、すごいもんだなあ。さすがだなあ」としか思いませんでしたが、二度、三度と読みかえしているうちに、持ち前の好奇心が芽生えてきたのです。そこで、私にもこの「耕盤外し」が出来るのではないか、しかも、もっと短期間でできるのではないかと「縄文式波動問診法」でお聞きして見ました。その結果、「一か月で可能だ」という答えをいただいたのです。

新しいレシピに取り組むときはいつもする方法は、まず「私にもできますか」とお聞きし、「イエス」と出た時に初めて、レシピの中身に取り掛かるのです。

まずは、使う材料です。「これは必要ですか」と何種類かの素材を対象にお聞きします。これで必要資材が絞られます。次に、それぞれの資材の混合比率をお聞きします。

これも、当然のように、しかも瞬時に「イエス」「ノー」との答えが出ますので、一つの新しいレシピが決まるまで、それこそ、あっという間の出来事なのです。そして、それがわが社のオンリーワンの技術として確立し、商品にできる物は、即、商品化するのですから、こんなに楽なことはありません。

「宇宙からの授かりもの」と吹聴する所以です。

ところで、昨年（2016年）10月に「耕盤はずし」のレシピが完成し「縄文―KOBAN」と仮の名前を付け、早速、自宅の畑で実験を開始しました。

10リットルの縄文水（井戸水を「宇宙エネルギー戴パワー」でパワーアップした水をこう呼んでいます）に、原液を10ccだけ入れて、二坪ほどの広さに散布したのです。散布前に計測した時には35センチと、割りとやわらかい土でした。

ところが例によって「緻密さ・計画性」が欠落している私ですので、10日ごとに計測する計画を立てたのに、二回目を散布・計測した後、出張が続いたり、他の新たなタノシミが増えたりして三回目の散布をすっかり忘れてしまっていました。そこで、ええい、面倒くさいと会社の専務（長男）に頼んで、残りの原液800ccを300リットルの縄文水に入れて、一気にそこら中に散布してもらったのです。

そしてまた、そのことが頭から離れ、ハッと気が付いたのは11月8日の事でした。あわてて、キューリの支柱に使っている棒でその部分に刺してみると、ズブズブと棒が突き刺さり、なんと、計ってみると2メートル近くまで突き刺さるのです。

この事実を、日ごろお世話になっている弘前市の櫛引商店の阿保さんに電話したのです。日ごろは、私が相当意気込んで新しいレシピを紹介しても「ふーん、そんなことも有り得るよねえ」と、絶えず冷静沈着な阿保さんが、信じられないように興奮して、即座にすっ飛んできたのです。

そして、自ら両手にテスト棒をもって、ズブズブと差し込んでみて、さらに興奮するのでした。私は、いつもの例で「こう思うから、やってみた。やってみたら、やっぱりそうなった」というパターンでしたので、何をそんなに興奮するのかなあと、むしろ、冷めた目で見ていたのでした。

事務所に入ってからも阿保さんの興奮は収まりません。

その時の阿保さんのお話をまとめると、このようになるのです。

「今の津軽地方のリンゴ園をはじめ、多くの農地は耕盤のためにどれだけ苦労を強いられているか。津軽地方に限らず、日本全国どこでも大問題なのだ。今年の例でも北海道では例年になくジャャガイモの大豊作だと喜んでいたが、たった一回の台風の大雨で表土が流され、ジャガイモは大幅減収となったのですよ。耕盤が、仮に1メートルでも50センチでもあれば、降った雨はそのまま浸透して行くので、表土が流されるという事はないのです。それだけではないのです。その後、雨が降らないで干天続きになった時には、今度は団粒構造化した土の毛細菅現象で、地下の水分が上がってくるのです。」

普段はおっとりとしていて、悠揚迫らざる態度が特徴の阿保さんが、まるで別人のように機関車のように喋り続けるのです。

その様を見て「これは、本当に大変なことなんだなあ」と初めて納得させられた私でした。

その後、もう一回テストしたいなあと思い付いたのは、年も明けた今年（2017年）の1月下旬の頃でした。そこで、阿保さんにお願いしたら友人のビニールハウスで実験してみようという事になったのです。

試験液をお渡しし、また一か月余もそのことが頭から離れていました。

二月下旬になり、静岡市への営業出張の際に思い出し、阿保さんに連絡をしてみました。阿保さんも、そのことを失念していたようで「そうだったなあ。どうなってるかなぁ」と、さして期待していている風にも感じられません。

翌日、まだ静岡にいた私の携帯が鳴りました。

なんと、約一か月で「対象区」は5センチであるのに対して、「実験区」は60センチになっているというのです。しかも、この時期の津軽は真冬で、そのハウスは使っていないので暖房もありません。夜ともなれば、零下10度以下になることも何日かあっての、いわば最低の条件下での結果でした。

さらに、私の実験は路地でしたので、テスト期間中何度か雨の日もあり、それだけ土にとっては好都合であったわけですが、ハウスの実験は、実験開始日に1坪の試験区に8リットルの井戸水に原液15ccだけ入れたものを、一回散布したのみだったのです。

今度は私の方が興奮したのでした。

出張から帰って、早速、そのハウスに出かけてみました。若い農場主の鈴木青年も立ち会って、ビデオ撮りもしたのです。この時の動画は、わが社のホームページに早速掲載したのですが、この時の鈴木さんとの会話をご紹介します。

「昨年秋にやった我が家の畑では、さっき計ったら180センチまで柔らかくなっていたのですが、ここは48センチしか柔らかくなっていませんね。この程度では、農家さんにとってどんなものですか」

「我々にとって、20センチでも耕盤が取れれば、大変なことなんですよ。耕盤があるところからさらに深く耕すには、とんでもない動力がかかるのです。相当な馬力の耕耘機でも跳ね返されますから。私はトマトを中心にいろんな作物を栽培していますが、耕盤が取れるという事はそれだけ根が深く伸びてゆくことなんです。そうすれば当然作物は丈夫になるし味も上がると思うんです。これは、大変な技術ですよ。私のハウスの全てに使いたいものです」

この後、私はすぐにこれを商品化しようと考え、更に何人もの方々にモニターになっていただいて、いろんな条件下での実験を開始しました。

この本の出版準備と並行していますので、全ての実験結果はまだそろっていません。成功事例もあるし、なかなか結果が出ない箇所もあります。今後、じっくりと時間をかけて、レシピもいろいろ変えて、数多くの成功事例を出して、世に出そうと思っています。

なお、この商品名はすでに決めています。いろいろ考えて『CR―17』という名称に落ち着きました。2017年に宇宙（COSMOS）からレスキュー隊が地球に応援に来てくれた、という意味を込めました。そして、この名称は商標登録に申し込んでいます。

もとよりこれも、「宇宙エネルギー戴パワー」と「縄文式波動問診法」の恩恵を100パーセントいただいてのシロモノです。

日本の農業、世界の農業の大きな課題をクリヤーできるかもしれない宇宙の意志からのプレゼントを、一日も早く完成させようと、ワクワクしながら過ごしているところです。


次ページに「宇宙エネルギー戴パワー」の商品とその活用方法をまとめてみました。また、その次のページには株式会社縄文環境開発のオンリーワン技術の応用と営業種目を掲載しました。何かのお役に立つことがあるかもしれません。

宇宙から戴いた、エネルギーパワー（馬力）ごとの、活用方法

馬力数	商品名	備　考
1千馬力	「携帯・スマホ用」	使用中の、頭への電磁波被曝を防ぎます。
3千馬力	「ベンキーZ」	電気使用の便器から、身を守ります。
1万馬力	「縄文キッド」	身につけることにより、飛行機の中や新幹線の中も大丈夫です。
5万馬力	「腹巻・腰巻用」	腰や下腹部を電磁波被曝から守ります。
1千万馬力	「トラック・重機用」	軽油燃料使用機械に適しています。
1千万馬力	「電気・電子機器用」	パソコン・テレビ・冷蔵庫・低周波等の電磁波被曝から身を護ります。
3千万馬力	「IHコンロ用」	IHコンロからの電磁波被曝を解消します。
5千万馬力	「乗用車用」	普通乗用車やハイブリットカーの電磁波対策に適用します。
7千万馬力	「電気自動車用」	新型プリウスはじめ、各社の電気系統重視の新型車に適します。
1億馬力	「1億馬力」	レントゲン室を「ゼロ磁場化」にします。お医者さん専用の商品です。
100億馬力	「オール電化住宅用」	5個1組で、結界を作ります。
1兆馬力	敷地・建物丸ごと ゼロ磁場化工事	5個1組で、結界を作ります。 100m四方と、高さは、超高層ビルまで可能です。

以下は、「製品化」はしていますが、「商品化」はしていません。

これらの「製品の馬力数は、単品で戴いた時もありますが、形状を変えた時にも戴きました。また、同一馬力数・同一形状の製品を、3個・4個・5個と組み合わせて、「結界」を作ることによって得られた馬力数は、桁違いに高まりました。

<table>
<tr><td>10万馬力</td><td rowspan="9">☆　電磁波を中和することによって「ゼロ磁場」にしてくれますので、電磁波被曝から身を守れます。
☆　その範囲も100m四方から、千km四方までに及びます。
☆さらには、「電磁波」だけでなく、大気汚染も浄化してくれます。
☆　その結界内では「浮遊霊」も浄化されるようです。
☆　もっとも大きなパワーは、人間社会が発している「邪気」までも浄化してくれているようです。
☆　これらのパワーを戴いて、日本全国300ヵ所以上に設置いたしました。その場所と、場所ごとの馬力数は、その都度「縄文式波動問診法」でお聞きして、決定してまいりました。（2017年5月4日現在）
☆　これらを組み合わせることにより、新たな「製品」「商品」が誕生する可能性は、大です。全て「宇宙の意志」に従っています。</td></tr>
<tr><td>100万馬力</td></tr>
<tr><td>1千万馬力</td></tr>
<tr><td>1億馬力</td></tr>
<tr><td>10億馬力</td></tr>
<tr><td>100億馬力</td></tr>
<tr><td>千億馬力</td></tr>
<tr><td>1兆馬力</td></tr>
<tr><td>100兆馬力</td></tr>
</table>

株式会社縄文環境開発のオンリーワン技術応用の営業種目　一覧　平成29年6月現在

物品の製造

1 河川・湖沼・港湾・海浜等の水質改善浄化液
2 河川・湖沼・港湾・海浜等の悪臭改善浄化液
3 油汚染土壌の改善浄化液
4 農薬汚染土壌の改善浄化液
5 油汚染土壌の改善浄化液
6 ダイオキシン汚染の改善浄化液
7 死臭対策浄化液
8 豚舎の悪臭改善対策浄化液
9 鶏舎の悪臭改善対策浄化液
10 牛舎の悪臭改善対策浄化液
11 終末処理場の悪臭改善浄化液
12 堆肥センターの悪臭対策改善浄化液
13 加齢臭対応消臭液
14 土壌改良液及び粉体資材
15 植物活性対策液
16 病木古木の再生液
17 各種樹木の病害虫対策液
18 港湾・漁港等の環境改善浄化液
19 電磁波被爆解消の各種製品
20 食害動物の忌避剤
21
22

物品の販売

1 JOMON菌
2 JOMON菌関連製品
3 土壌改良液及び粉体資材
4 有機農業用有機堆肥
5 河川・湖沼・港湾・海浜等の水質改善浄化液
6 河川・湖沼・港湾・海浜等の悪臭改善浄化液
7 農薬汚染土壌の改善浄化液
8 油汚染土壌の改善浄化液
9 死臭対策消臭液
10 豚舎の悪臭改善対策浄化液
11 鶏舎の悪臭改善対策浄化液
12 牛舎の悪臭改善対策浄化液
13 堆肥センターの悪臭対策改善浄化液
14 加齢臭対応消臭液
15 植物活性対策液
16 病木古木の再生液
17 各種樹木の病害虫対策液
18 港湾・漁港等の環境改善浄化液
19 残差有機物減容のHDMシステム
20 食害動物の忌避剤
21 電磁波被曝解消の各種製品
22

役務の提供等

1 河川・湖沼・港湾・海浜等の水質浄化作業
2 河川・湖沼・港湾・海浜等の悪臭浄化作業
3 稼働中の小型焼却炉のダイオキシン対策作業
4 学校プールの水質改善作業
5 終末処理場の悪臭対策作業
6 終末処理場の延命対策作業
7 海水浴場の大腸菌等対策作業
8 農薬汚染土壌の改善作業
9 油汚染土壌の改善作業
10 ダイオキシン汚染の改善浄化作業
11 大災害地の複合悪臭の除去工事
12 豚舎の悪臭改善浄化作業
13 鶏舎の悪臭改善対策浄化作業
14 牛舎の悪臭改善浄化作業
15 堆肥センターの悪臭対策改善浄化作業
16 病木古木の再生工事
17 各種樹木の病害虫対策液
18 港湾・漁港等の環境改善作業
19 敷地建物全体の電磁波被曝防止工事
20 有機物減容システムの作業
21 磯焼けの海の改善工事
22 ヘドロの海の解消工事

第二部　「本音」の、往復メール書簡

熊倉祥元さんとの往復メール書簡

一昨年（平成27年）の9月、ニューヨーク在住だという未知の方からメールが届きました。山形県東根市の山奥の限界集落で、ユニークな活動をしておられる東出融さんを通して、私の事を知ったのだといいます。

東出さんのブログで、私の「宇宙エネルギー戴パワー」の事を知り、地域全体をゼロ磁場イヤシロチに出来る可能性のある私の技術に興味関心をお持ちで、今お住まいのニューヨークのビルをゼロ磁場にできますか、とのお問い合わせでした。

面白い人もいるもんだ、この人もまた、私や東出さんと同じ「おおばかやろう」の素質十分だなあと、私は軽い気持ちで返信したのでした。

まさか、この日が、後々の壮大な展開につながるとは、夢にも思いませんでしたが、今にして思えば、これもまた、「宇宙の意志」の計画の始まりだったのでした。

この日をスタートとして、二人のメールによる交流が続くのですが、二人の往復メール書簡から抜粋してみたいと思います。

出会いの経緯

木　村（2015・9・18）

ご丁寧なお便り、ありがとうございます。

ニューヨーク全体を一気にイヤシロチ化する、という壮大なお話ですね。

私は東出さんが説かれている複雑な理論は、ほとんど理解不可能なボンクラ頭の男です。今のゼロ磁場製品も、宇宙から授かったもので、私自身の思考は微塵も入っていないのです。

「これ、木村社長が発明したの？」

「私に、そんな才覚があると思うかい。授かりものだよ。」

「そうだよなあ。木村社長には、そんな才覚はないよなあ。」

小さな我が社に来てくれる、農家さん達との会話です。

『宇宙エネルギー戴パワー』という名称と、基礎になった紋様を、青森県の発明協会の幹部たちから勧められて商標登録を取りましたが、それも今年の一月のことで、それから、あれよあれよという間に様々な商品が生まれ、「商品化」していない（商品化できない）超パワフルな製品まで出来て、東出さんと二人で密かにあちこちを浄化して歩くという事に発展していったのです。

さて、お送りしていただいた写真をつぶさに拝見いたしましたが、市内全体をイヤシロチ化することは、十分に可能です。

しかしながら「幾らかかるか」と問われれば、「幾らです」と即答はできません。

計算できないからではありません。基本的に、「商品化」していないものには、定価をつけていないからです。

私が必要と思った場所、自然に導かれていった場所に無償で設置し続けてまいりました。今も、続けています。

ありがとうございます。

熊　倉（２０１５・９・１８）

私は米国ニューヨークに在住しています。理由があってマンハッタンの南のグランドゼロに近い所に事務所を借りております。

このビルには携帯電話各社の中継塔が屋上に設置されております。

ビルは十一階建てで古いビルです。一時期十一階に居りました時は何かの異常を感じておりましたが、直ぐに五階に移ってからは余り感じなくなりました。

部屋は同じビル内で三回移動しましたが、合計八年間居ります。

そこで質問ですが、電磁波の歪みを修正する物は、この様な条件下では使用できる物なのでしょうか。

ビルのオーナーはイタリア系アメリカ人でアメリカでは稀に見る良く出来た家主で、色々とサポートして頂いています。またこのビルが建っている周辺はアメリカの歴史上、かなり因縁が深い場所と思っています。

お世話になっている家主及び、この周辺の環境が良くなるように何か出来ればと考えております。

ご多忙の処、恐縮ではございますが宜しくお願い申し上げます。

私は在家出家で、9・11同時多発テロの翌年、2002年に日蓮宗の僧侶になりました。

日本生まれですが、アメリカ在住35年でアメリカの国籍を持っています。

実家は日蓮宗では無いのですが、師匠は日本に居り、アメリカで出家得度して現在に至っています。

9・11同時多発テロの当日は、仕事で世界貿易センタービルに向かっていて、北側ビルの飛行機衝突での爆発をキャナル・ストリートとウエストハイウェイから目撃しました。

その後に同時多発テロで亡くなった方々の供養を一生かけてしようと誓い、現在布教活動をしています。

日蓮宗では「唱題行」をする時に、瞑想をするのですが、その時に何か問題解決があるように思えていました。

そのような時に東出さんを知りました。

そして、このカミハカライ製品がこの土地の浄化に役立ってくれると期待しています。

お寺として使っている事務所は借りているだけでして、私の持ちビルではありません。お寺といっても日蓮宗、師匠からは基本的な資金援助はありません。

私は宗教の世界に入って分かったのですが、寺院経営はフランチャイズ経営とほぼ同じです。名前を借りての自営業です。

お布施収入だけでは維持できず、私は他に仕事をしながら布教活動していますが、今まで継続できたのは、多くの人々からの共感とご支援を頂戴しているからです。

これは私の勝手な思いかもしれませんが、唱題行で瞑想の浄心行をするのですが、この時に人間はゼロ磁場を自己の中に作ることが可能だと信じています。

しかし、これを維持していくことはとても困難なことです。そこでゼロ磁場製品の技術と人間本来生命の浄化が結びつくことで相乗効果を生むことが出来ると信じます。

今のニューヨークをそのまま浄土化したいのです。

ニューヨークのマンハッタン島は、元々は聖地と呼ばれていた所です。

近年アメリカ社会でもヨガ、座禅、メディテーションが広まってきて、腹式呼吸による人間ゼロ磁場化を信じるアメリカ人は増えてきています。

その人々に環境のゼロ磁場化が修行の助けになると信じています。

私はアメリカ人が自分の力でこのニューヨークを変えていって欲しいと願っています。私はそのお手伝いが出来れば思っております。

この構想をお寺に来ているアメリカ人に話したところ、皆でやりたいということになり、このプロジェクトの基金を募るためには先ず最初にいくらの資金が必要かと、ゼロ磁場製品がどの様な外見上の形なのか等のイメージを知る必要となりました。

このプロジェクトは非営利団体の活動となります。

「メール通信」と「ブログ」を拝見させていただきました。

木村様の事情を配慮せずに、こちらからの一方的な要望をお伝え致しましたことを、お詫び申し上げます。

来月、日本に行く予定ですので、その時に貴社へお伺いさせて頂ければ幸いです。

その準備段階としてのアドバイス及び必要なことをお知らせ頂ければ幸いです。

長文に成りましたことをお詫び申し上げます。ご教授の程、宜しくお願い申し上げます。

木 村（2015・9・18）

詳しい事情、よくわかりました。

9・11での成仏できないでいる御霊が、まだたくさんおられるようですね。

熊倉さんと、アメリカ人で熊倉さんのご精神に共鳴して下さっている方々が、今すぐに出来ることを、お伝えします。

ご自分の住まいを「ゼロ磁場＝イヤシロチ」にすること。そのためには、オール電化用のゼロ磁場グッズを4本必要です。その際に「ゼロ磁場化」された清々しさを体感されるはずです。

ただ、そのためには20万円ほどのお金が必要です。誰でもが右から左へと出せる金額ではないと思います。そういう方は、『縄文キッド』を一本求めて、いつも身につけておき、それ以前の体感との違いを感じていただきます。その他のゼロ磁場グッズは、弊社のホームページに写真入りで載っています。

お仲間の幾人かでも、この「宇宙エネルギー戴パワー」を感じ取っていただくことが、何よりの先決事項です。また、電波中継塔に何らかの影響を与えないかとのご心配は、全くの杞憂です。なんの影響も与えません。

ただ、それを科学的、数値的に証明しろ、と言われれば、その方法はありません。ゼロ磁場製品を設置しようがしまいが、電磁波の数値は変わらないのですから。

それから、弊社にお立ちより下さるにあたっては、なんの準備もいりません。大歓迎します。荷物にならないお土産として、宇宙エネルギー戴パワーの色々を体感していただき、また、「縄文式波動問診法」を伝授させていただきたいと思います。

その日の来るのを心待ちにしています。

熊倉さんの来日・来社

最初のメールでの出会いから二か月後、熊倉さんはわざわざニューヨークから来日され、本州最北端の青森県の私の所まで来てくれたのでした。

熊　倉（2015・11・21）

昨日は大変お世話になりまして感謝申し上げます。

お陰様で今朝六時に弘前を出発して現在、東海道新幹線で三重県の実家へ向かっております。昨日の多くの驚きから未だ冷めやらず、「縄文式波動問診法」のチェックの練習に励んでおります。

木　村（2015・11・21）

熊倉さんが、なぜニューヨークに？　という命題が、解けたような気がしますね。

そして、その手段方法と、確実な成果も。私も、及ばずながら応援させていただきます。

熊　倉（2015・12・1）

この度、木村先生にお会いして、今まで行なってきたこと全てが、一つにまとまりました。改めて感謝申し上げます。ニューヨークに戻り、何人かの人に会ってゼロ磁場について話を致しました。皆さん共感的に受けて頂きました。

ニューヨークのゼロ磁場化を目指して、これからマーケティングに力を注いでいきます。

木　村（2015・12・1）

よっぽど心の波長が合ったのでしょうね、十時間余があっという間に過ぎ去りましたね。

私のやってきたことが、熊倉さんのお役にたったのであれば、私としましても、大変うれしいです。

実は先日、私は、ただ御礼を言いたいだけの目的で、京都の天橋立近くにおわします、元伊勢神社に行ってまいりました。荘厳な神域が、今に残っておりました。

帰途、京都市郊外のある有名な神社に立ちよりましたが、ここはパワーがすっぽりと抜けていましたので、持参した「一億馬力」の「宇宙エネルギー戴パワー」グッズを、素知らぬ顔で「奉納」したところ、素晴らしいイヤシロチになりました。

奉納場所は、なかなか見つからなかったのですが、本殿近くの土蔵の縁の下に少しばかり隙間があったので、そこから、ひょいと放り込んだ次第です。

これだけで、あっという間にあたり一面「イヤシロチ」になります。何よりも設置が簡単です。いずれ、ニューヨーク市のイヤシロチ化を実行するときの、参考になさってください。

「縄文式波動問診法」と「お題目」

熊　倉（2016・3・1）

私の方は、お会いした時に頂戴しました「宇宙エネルギー戴パワー」の商品から色々と勉強させて頂いております。「縄文式波動問診法」は、私が学んだ「人間の意識は時間・空間軸を超える」という理論を実証してくれました。

この事は私にとって偉大な出来事で、信仰心の励みになっております。

木村先生は憶えておられるか分かりませんが、先日お伺いした際に、私が、「お題目（南無妙法蓮華経）と御本尊はゼロ磁場化に使えますか」とお聞きした時に、木村先生は「出来る」とおっしやいました。

私はニューヨークに戻り、お題目と御本尊で色々と研究した結果「縄文式波動問診法」で、ゼロ磁場が確認できました。それからお題目と御本尊（臨滅度時曼荼羅御本尊ー日蓮宗宗定御本尊）は対に（二つ）並べても矛盾することはありません。

これはお題目と御本尊は構造理論的に矛盾しないことになっております。

これ以外の他宗の曼荼羅は対にすると矛盾します。

木村先生からご教授頂いたことで、ニューヨークの浄化と布教活動の地盤づくりと米国内同時多発テロ犠牲者の供養をすることが出来ます。

熊　倉（2016・3・2）
仏教は日本で大成すると言われております。
木村先生にお会いしてから、仏教の基盤は縄文文化であると信じるようになりました。
私の個人的な考え方ですが、アトランティスの人々の転生ですが、この転生した人々が縄文思想に出会って成仏するのではないかと思っております。

熊　倉（2016・3・29）
今月の23日は満月でした。私は、満月の頃と年4回の土用の頃は身体の変調と頭痛があったのですが、最近はありません。しかし、なぜかまだ、風土環境の違和感を感じています。

それにしましても、「縄文式波動問診法」がアトランティス文明に由来しているという事に、興味を覚えます。

熊　倉（２０１６・４・２）

言葉で唱えるということは、エネルギー・パワーと共感する大切な行いと思います。

「有難い」は不可思議境の存在を認識することで、反対語は「あたりまえ」だそうです。

「あたりまえ」と思っている人は何時までたっても「宇宙エネルギー戴パワー」と共感性を持てません。信心もしかりです。唱えることで相互共感性を得て「宇宙エネルギー戴パワー」をしっかり頂くことが出来ると思います。

「縄文式波動問診法」は、実際にこの相互共感性を認識できる素晴らしい方法です。

アトランティス文明にはその様な高度な技術があったことを初めて知りました。しかし、その高度な技術が正しい目的に使われたのでしょうか。現在の世の中を見ていると、同じ道を歩んでいる気がします。

木村先生の目的意識に共感される人々が増えていくことを、切に願っております。

私は、ウォール街（世界の金融首都）と呼ばれる場所の一角に住んでおります。「資本主義崩壊」の時と言われる現在、何故私が今ここにいるのかを模索中であります。資本主義の象徴であった「世界貿易センタービル」全てが崩壊してから、今年で１５年になります。

日本語の経済（経世済民）の意味が、世界の人々に理解されれば、同じ失敗を繰り返すことはないと信じております。

アトランティス文明

木　村（２０１６・４・２）

『アトランティス』の本によれば、アトランティス文明は、その高度な科学技術ゆえに、よこしまな科学者もいて、正しからざる方向に、その高度な技術をもてあそんで崩壊への道を歩んだことが書かれていました。「歴史は繰り返す」とも。

なぜか知りませんが、「宇宙エネルギー戴パワー」をいただいたときは、アトランティス文明のなんたるかを知らない時でしたが、「この技術は、やりすぎれば、アトランティス大陸の二の舞になるなあ」との直感がありました。

その時は「直感」だと思っていたのですが、「教えられていた」のですね。このことを十分に心して、これからの歩みを進めてゆくつもりです。

熊倉さんの存在そのものが、「その地」にあることに意味があるのだと思います。

すでに、その意味が、徐々にではありますが、ご自分にも、周囲の人たちにも、わかりかけて来ているのではないでしょうか。

熊　倉（2016・4・6）

最近思うのですが、「縄文式波動問診法」と大腸とは密接な関係があり、大腸と神経、精神と繋がりがあると思うのです。

これは仏教の「唯識論」で意識を九段階に分けていますが、第一意識から第六意識までを感覚的意識、第七意識から第九意識を潜在的（深層）意識になります。

私は、この感覚的意識は脳機関が司っていて、潜在意識は大腸（丹田）が行なっていると思うのです。

最近、「縄文式波動問診法」で観察していると、精神的又は神経的疾患がある人は、殆ど大腸に問題があります。霊界との交流も大腸ではないかと考えます。また知覚できないエネルギーとの交流も同じです。

木　村（2016・4・6）

貴重なご教授、ありがとうございます。全くその通りだと思います。

腸内細菌の減少と電磁波被曝が、心身の不調の二大原因だと、私も思っていました。そのことが「仏教」の教えにマッチしていたのですね。今後の私の進む道に、大きな支えとなります。

「縄文式波動問診法」でお聞きする相手は？

熊　倉（２０１６・４・１４）
メール通信を拝読していて思ったのですが、「縄文式波動問診法」で木村先生がお伺いされておられます対象はどなたなのですか。いつも同じ対象なのでしょうか。

木　村（２０１６・４・１４）
「縄文式波動問診法」でお聞きする方は、最初のころは、「宇宙の意志」と「自分の６０兆個の細胞さんたち」の二者だと思っていました。その後、對馬先生たちとのおしゃべりの中で、「自分の腸内細菌さんたち」も、教えてくれていることがわかりました。
「宇宙の意志（神）」「細胞さんたち」「腸内細菌さんたち」の、お三方が「縄文式波動問診法」でお聞きすれば、即、答えを出して下さるのです。このやり方は、私の専売特許ではありません。

熊　倉（２０１６・４・１８）
この度は「縄文式波動問診法」の解説をメール通信で送って頂きありがとうございました。「宇宙の意志の存在と合致した時に、私のセンサー能力は格段にアップしたのです。」という木村先生の一節が、とても納得出来ました。

熊　倉（2016・5・17）

私にとって今年は十年に一度の節目の年であります。

昨年、木村先生にお会いして縄文式波動問診法を授けて頂き、宇宙エネルギー戴パワーに巡りあわせて頂きました。改めて感謝申し上げます

縄文式波動問診法で9・11米国内同時多発テロの犠牲者にお伺いをすると、皆さんハッピーで成仏されているようです。これでニューヨークを離れる事が出来そうです。

ニューヨークに「宇宙エネルギー戴パワー」で、共存出来る環境が構築されたと信じています。

私が使命としていた、テロ犠牲者とマンハッタンで成仏できない霊位の供養が出来たと思っています。

木　村（2016・5・17）

まさしく、ニューヨークの事故での犠牲者たちは、皆さん成仏していますね。熊倉さんの存在理由が、証明されましたね。生きていること、生かされていることが、とにかくありがたいですよね。

熊　倉（2016・5・17）

木村先生から成仏に関して、太鼓判を戴き、とても光栄です。これも木村先生からのご教授のお陰と、感謝しております。

浄霊と「お礼参り」

熊　倉（2016・5・18）

毎日ジムに行くのですが、帰りにグランド・ゼロ（崩壊した世界貿易センタービルの跡地）のメモリアル公園に寄りました。公園内はとても良い雰囲気でした。

もちろん、公園内何処でも、縄文式波動問診法の指はしっかりと閉じていました。

部屋に戻って、血圧を計ってみました。ここ数日間、日本とのやり取りで百五十を超えていたのが、百三十まで下がっていました。

犠牲者の霊位が、私の身体を癒やしてくれたと思い、涙が止まりませんでした。

木　村（2016・5・19）

私に浄霊方法を教えてくれた真言密教の達人・尾崎天眼先生の言葉を思い出しました。

私の三十代の頃のことです。浄霊してあげると、その方は必ず「お礼参り」に来てくれます、と。

もちろん、私はそれを期待したことは一度もありませんが、実に多くの場面で助けられてまいりました。つい先日も、眠気を無理して運転していた時に、ふっと意識が無くなった瞬間に、右の足がブレーキを強く踏んでいました。ひざに、誰かに押された感覚が残っていました。

ハッとして目が覚めたら、目の前に先行の車が赤信号で止まっていました。

「どなたか存じませんが、助けていただいて、ありがとうございます。」と、思わず声に出してお礼を述べていました。こんなことが、何回もあります。

このようなことは、普通の常識人には通用しないかもしれませんが、厳然たる、事実です。

熊倉さんも、同じような体験をなさったのですね。良かった、良かった。

本化の四菩薩

熊倉（2016・5・19）

重川風天さんの『知花先生に学ぶ風天のおもしろ話』の、先生の感想文のファイルをお送り頂き、感謝申し上げます。

これを読んで、今だに信じられない事を発見しました。まだ、信じられないのです。

お経本の「法華経」の中の第十五品「従地涌出品」で、本化の四菩薩が出てくるのですが、それらは、上行菩薩、無辺行菩薩、浄行菩薩、安立行菩薩です。

縄文式波動問診法で調べたのですが、

日蓮聖人　―上行菩薩、

知花敏彦先生―無辺行菩薩、

木村将人先生―浄行菩薩、

熊倉祥元　―安立行菩薩、となるのですが、木村先生はどう思われますか。

木　村（2016・5・18）

四菩薩様たちの事、お名前も、初めて知りました。何はともあれ、「縄文式波動問診法」でお聞きしましたら、すべてが「イエス」と出ました！

これは、驚きです。おどろき、桃の木、山椒の木、です！　どうなってるんでしょうか？

私は、アトランティスに縁が深いことは確認していましたが……。

姿かたちを変え、全てはつながっているのでしょうかねえ。いずれにしましても、襟を正す、事実ではあります。このようなご縁があるのであれば、いよいよ精進して、今の道を、まっしぐらに進むしかありませんね。熊倉さんも、私も！　しかしながら、別に重荷に感じる必要は、全くありませんね。今まで通りに生きてゆけばいいのですから。

熊　倉（2016・5・19）

日蓮聖人は上行菩薩として「法華経は事実」であることを証明された人です。これは「アトランティスの同じ間違いを繰り返させない」と言うことだと思います。

本化の菩薩は六道輪廻ではなく、自分の意志で生まれて来た菩薩です。本仏（宇宙の真理）の化身なのです。

知花先生は、自分の意志で生まれて来たと仰っています。

木村先生の「浄行」は、まさしく、今、されていることです。

無辺行菩薩が誰であるのかが、今日まで分からなかったのですが、全てが出揃いました。

皆様とお会いできる日を待ちきれない思いでございます。

この本化の四菩薩のことを、私の師匠に話したら、まず私は、精神病院行きになるでしょう。

木 村（2016・5・19）

「師匠に話したら、精神病院行き」のくだりで、笑ってしまいました。私も長年、「あの木村が、また、変なことをはじめたぞ」という評価が、通り相場でありましたから。

言いたい奴には言わせておけと、ケツをまくって、生きてまいりました。

与えられたお役があるなら、粛々と、その道を進みましょうよ。

熊 倉（2016・5・20）

本化四菩薩様の上行菩薩様については多くの解説があるのですが、他の三菩薩様については、あまり無いので、私も詳しくは分かりません。
四大菩薩の　四弘誓願《しぐせいがん》は、仏・ほとけ・の根本的な願いです。
　1　安立行菩薩の誓願、　衆生無辺誓願度　しゅじょうむへんせいがんど
　　衆生の数は無辺でも、必ず一切の衆生を救う誓願。

2　浄行菩薩の誓願、　煩悩無数誓願断　ぼんのうむしゅせいがんだん
煩悩の数は無数でも、必ず、全ての煩悩を断ち切る誓願。
3　無辺行菩薩の誓願、　法門無尽誓願学　ほうもんむじんせいがんがく
仏の教えは無尽であろうとも、必ず、学び尽くす誓願。
4　上行菩薩の誓願、　仏道無上誓願成　ぶつどうむじょうせいがんじょう
仏の道は無上であっても、必ず、到達する誓願。

上行菩薩　じょうぎょうぼさつ　無辺行菩薩　むへんぎょうぼさつ
浄行菩薩　じょうぎょうぼさつ　安立行菩薩　あんりゅうぎょうぼさつ

熊　倉（２０１６・５・２０）

本化の四菩薩、法華経、観心本尊抄が、今の時代を救うキーワードとなります。それは６年後の２０２２年であります。今回が１６回目で、最後のチャンスとなります。このことを木村先生へ直接お伝えする機会が、一日も早く来ますようにと、祈っております。

日蓮宗とのご縁

木　村（2016・5・20）

私は「理解」することに、あまり重きを置いていないのです。頭で理解するよりも、ストレートに、「ああそうだったのか。そういうお役目もあったのか」と「感じる」ことで、動いてまいりましたので。ただ、今回のことで再確認したことがあります。

我が家は代々日蓮宗で、幼いころからお寺さんには親しみを持ちながら育ってまいりました。我が家はもちろん、親せき縁者のお葬式は、全て日蓮宗で行われてまいりましたし、私が小学一年生の年の八月二十二日に生母が亡くなったのですが、その直後から、父は毎朝お経を唱えていました。

毎朝、私も仏壇の前に座らされて、父の読経を聞いていましたので、自然にその部分だけは頭に入っています。こういう事が小学生時代はずっと続いていましたので。

といって、今は全くお経を唱えるということはしていませんが、なにかの時に（必要な時に）は、自然に口からお経が出てまいります。それこそ、流れるがごとくに。

ところで、いつから浄行菩薩様が私の指導霊になられたのかを「縄文式波動問診法」でお聞きしましたら、平成二十六年からでした。平成二十五年二月に家内が亡くなって、一年後の事でした。ついでに、アトランティスとのご縁が生じたのは、家内が亡くなる前の、平成二十四年からでした。

どうも、亡くなった家内の存在が大きくかかわっているようです。

このことがわかっただけでも、今回の熊倉さんからの情報は、ありがたいことでした。

こういうお役目が私に与えられているんだなあと、自覚するだけで、私はそれ以上の「知識・理解」には全くといっていいほどに興味関心が湧いてこないのです。ただ、行じるだけですので。私の正直なところを書かせていただきました。

熊倉（2016・5・25）

今、アメリカバーモント州のマンチェスターという町に来ております。ニューヨーク市から北へ400キロで、カナダとの国境に近いところです。この町に来た最初の目的と違って、アメリカ独立戦争、南北戦争、アメリカインディアンで成仏されていない霊位がいることが分かり、本日浄化させていただきました。この町の周辺は、アメリカ独立戦争で戦場だったそうです。

「縄文式波動問診法」で調べた結果、それらの霊位はハッピーで成仏されていました。

私事で恐縮でございますが、ご連絡させていただきました。

木村（2016・5・25）

凄いことをなさいましたね。そういうお役目があっての、今世の「熊倉祥元」なのですね。

今回熊倉さんがお送りした霊位の方々の人数は500人を超えていますね。550人という数字が出ました。改めてすごいことだと知りました。

まだまだお役目は続くことでしょうが、粛々と対処するだけですね。

熊倉

550人ですか。知りませんでした。お知らせいただき感謝申し上げます。

木　村（2016・5・25）

そういえば私も、先日313人の迷える御霊をお送りいたしましたが、最近ご縁が出来た方とのおしゃべりから、明治時代に八甲田山中での雪中行軍で亡くなられた方々の多くが、いまだ成仏されていないという事を感じ取り、実施したものです。

「宇宙エネルギー戴パワー」製品の一つを活用させていただき、その際に私に憑依してきた方々を片っ端からお送りしたのですが、今までとは違った感覚がありましたので、後日その数を「縄文式波動問診法」で調べてみたら313人という事でした。

以前から、その付近を通ると嫌な感じを受けるという人が何人もおられたことを思い出しての行動でした。これは、私に与えられた天からの使命・天命だと思えば、やって当然という気持ちでいます。

熊　倉（2016・5・25）

八甲田山の話は有名ですので映画にもなったと思います。遭難された方々は、いまだ救われていなかったのですね。でも、今は皆様、成仏されています。凄いことです。私もこれから精進します。

予言とは

熊　倉（２０１６・６・１９）

日蓮聖人の御遺文「観心本尊抄」を拝読しているのですが、この中に予言が書かれておりまして、国政での反逆（これは起こるかは確定していません）と他国侵逼難（他国侵略）が出ています。その後に多くの災難を経て戦争となっています。

戦争は日本国外で大戦争となるとの予言です。他国侵逼難というのは、宇宙からではないかと思うのですが如何でしょうか。かなり近い時期に起こると思うのですが。

とんでもない質問で恐縮ですが、木村先生のご意見を伺いたく、ご連絡申し上げました。宜しくお願い申し上げます。

木　村（２０１６・６・１９）

ご質問の件ですが、「予言とは、そのままにしておくと、その通りの事が起こるが、その予言を防ぐ手立てをすれば、予言は外れる」と、知花先生がおっしゃっていて、１９９９年のノストラダムスの大予言を防ぐために、知花先生は、今世の世に出てきたのだと、風天さんの本に書いてありました。

日蓮上人様もアトランティス文明と深い関わりのある方だといいますので、「予言」は、本当なのでしょう。その予言を真正面から受け止めて、そうならないように努力するのが、現世に生きる、我々の使命なんだと、私は受け止めています。

では、何をどうするのか。そのことも、人それぞれに「天命」が与えられているような気がしています。「予言」が的中すれば、それはそれで「宇宙の法則」なのでしょうから、致し方のないことだとも言われています。私も、心底、そう思います。

きっと、熊倉さんのやられている一連のお働きも、「予言」を避けるための一つの方法なのだと確信できます。私は私なりに、精いっぱい、一日一日を生き切るつもりでいます。

「予言」を悲観的にばかり捉えるのではなしに、「そうなったらそうなったで、それも仕方のないことだよなあ、人智人力を超えている現象なんだから」と、いい意味での開き直りも大事なことではないでしょうか。私は、このように考えています。

熊　倉（2016・6・19）

木村先生から助言を頂戴して、改めて思うことがありました。

この御遺文は予言でありますが、その起こる出来事についての対応とその成果が書かれているものです。それを信じて行うことによって、この世の中を平和へと導くシナリオです。

私はその仕事の一部を行う役目を授かっているのでありますから、その役、脚本に徹して演じるのが私の使命であります。

木 村（2016・6・19）

日蓮上人様の書かれた脚本には「予言」とともに、その対策方法も書かれておられるのですか！そして、その成果までも！

我が家も代々日蓮宗の家系なので、幼いころからお経も耳には親しんでまいりましたが、それほどの真理があったのですね。

八歳の時に生母が亡くなって以来、父親は毎朝仏前でお経を唱えていましたが……。

そして、いつの間にか、私もそらんじるようになっていましたが……。

今、初めて、その意味が分かりました。

「最愛・最恐の妻」は、私を知花先生＝アトランティスの世界に導いてくれたのですが、そのはるか以前に、生母は私を、日蓮上人様の世界への扉を開いて下さっていたのでした。

ともに、自らの死によって……。

初めて、二人の女性《にょしょう》の底知れぬ愛情を感じました。ありがとうございます。

そういえば、祖父が亡くなった際、祖母が日蓮宗の総本山・身延山久遠寺に祖父の分骨を収めたいといった時に、その深い意味も知らずに、私がその役目をしていたのでした。

何の感慨もなく、淡々と……。こういう一連の事があったからこそ、熊倉さんとのご縁が生じたのだと、今、はっきりとわかりました。

ありがとうございます。ありがとうございます。

仲宗根宏氏と飯島秀行氏のビデオから学んだこと

熊　倉（２０１６・６・２０）

今日、仲宗根宏氏と飯島秀行氏のビデオを拝見して思ったことは、「自分意識を動かさない」「真理と一体になる」を、瞑想で行うとは、お題目（南無妙法蓮華経）を唱えることと一緒です。

一般的には御利益の為にお題目を唱えると言われていますが、日蓮聖人は、「宇宙と一体になって宇宙のエネルギーを頂戴することである」と仰っておられます。

自己利益の為では無いのです。だから、自己利益の為にお題目を唱えても、宇宙エネルギーは頂けないのです。宇宙に存在する唯一の法則も、頂けません。

お題目を唱える方法と手段も知る必要があります。

この宇宙のエネルギーとその仕組の法則がこの地球を救うと、私は信じています。

仲宗根宏氏と飯島秀行氏のビデオを見て、私は目からウロコが落ちました。

木　村（２０１６・６・２０）

飯島さんにも、私は娘たちに促されて何度か川口市の事務所に伺ったことがあるのですが、その時には、幾つものフリーエネルギー活用の機器を見せられても、へえー、すごいもんだなあ、と思っただけでした。改めて、飯島さんのご本を読みなおしたくなりました。

私の家系

熊　倉（2016・7・2）

いつも突飛な質問ばかりですみません。木村先生の家系は、皇室又は国王、伊勢神宮との繋がりがございますか。これも日蓮聖人の御遺文「観心本尊抄」に出ているのですが、本化の四菩薩の一人が僧侶ではなく在家で国王となっているのです。

木　村（2016・7・1）

突飛なご質問ですね。今の私は木村家十五代目なのですが、津軽藩から分家した黒石藩の士族の家系です。叔父（父の弟）が海軍兵学校出身なのですが、古い資料の中の入学願書みたいな用紙に「士族」という文字があったことを思い出しました。

その家系図の一番初めに「平将門」の流れを汲む家系であるということが書かれています。

私が中学二年生の時に、東北大学の関係者だといって、平将門研究家が訪ねてきたことがあります。また、平成に入って間もなく、坂東市から二人の研究家が訪ねてきて、写真を撮っていきました。その後、カバー付きの立派な研究書が送られてきて、我が家の事も写真入りで載っておりました。熊倉さんのお見立てが当たっていましたでしょうか。

熊　倉（2016・7・2）

私は歴史はあまり得意でありませんので、メールを頂いてからウエブサイトで調べたところ、「平将門」から皇室の家系ですね。今は直接的では無いでしょうが。

この数ヶ月間、「観心本尊抄」を拝読していて、本化の四菩薩の一人（国王で非僧侶）が「国立戒壇」を日本に建立するとの予言があります。それは富士山に「国立戒壇」を建立するというのが一般的な解釈ですが、日蓮聖人は富士山とは言わず、「名勝」と言われています。私が縄文式波動問診法でお尋ねすると、富士山ではなく伊勢神宮となるのです。

私の考えだと、今回の伊勢サミット、神仏融合を考えると、的を得ていると思います。

この考えは、日蓮宗またはその他の日蓮一派からは、私は総スカンを食らうでしょう。

今の世界情勢を見ていると、地震などの自然災害、政治の不安定等の色々な出来事を踏まえて考えると、大戦争が近い時期に起こると考えます。そして、その後にこの「国立戒壇」が建設される運びになります。

アトランティスの間違いを再び起こさない為にはこの脚本通りに行う必要があります。

これは地球にとって最後のチャンスです。もうリセットはありません。

この「国立戒壇」建設のお役目が、木村先生だと私は考えております。

それは六年先の2022年と予測しております。日蓮聖人ご降誕800年の年です。

私には何故に曼荼羅御本尊が「国立戒壇」であるのかを説明する役目があります。

実は、これを書くことをためらったのですが、色々と私の一方的考えを述べさせて頂き恐縮でございます。

木　村（2016・7・1）

貴信を一読して、思わず、大きな声で「わぁっ、はぁっ、はあぁ」と、笑っていました。決して不謹慎な笑いではなしに、「こりゃ、面白くなってきたぞ！」との、いわば野次馬的な要素を含んではいますが、ある部分では、まじめに受けとめていました。

「地球さん」の計画なのだから、という論法は、100パーセント理解できます。

最近は、宇宙エネルギーのお力をお借りして、あちこち浄化の仕掛けを設置して歩いているのですが、「ここの地域は、手を出さない方がいいのだ」という天啓（「縄文式波動問診法」）には従っているのです。

平将門は、日本の歴史上「天下の逆賊」として、長いこと「正統派」からは疎まれてまいりましたが、その「正統派」の組織の末端である「下級武士階級」にあって、木村家の初代が、敢えて家系図の最初に「平将門の流れを汲む」云々と記していることで、却って、信ぴょう性があるのかなあと、私は少年時代から考えていました。

初代当時、こんなことがばれれば、「お家断絶、身は切腹」の時代でしょうから。

「国立戒壇」という言葉も初めて知りました。

意味も分からず、「縄文式波動問診法」でお聞きしてみましたら、富士山も伊勢神宮も「ノー」と出ました。日蓮上人の予言は、言わずもがなですが「イエス」でした。

私がそれに何らかの関わりがあるかとお聞きしましたら、「イエス」と出ました。だからと言って、格別な感慨もわいてまいりませんが……。

改めて「国立戒壇」の設立場所を調べてきましたら、「沖縄」だと出ました。

いずれにしましても、今の生活を粛々と進めます。

そういえば、何年も沖縄へ行っていなかったのが、六月中に２回行ったし、実は明後日の４日にも、また行くことになっています。ある種のお役目を果たすために。まだ、公にはできませんが。

６月２９日には、２回目の福島県訪問をしまして、これも、お役目を果たしてきたところです。こういう動きと、今回の熊倉さんからのメールの内容がつながっているのでしょうか。そうと思えばそういう気もしますが深くは考えません。私は、いつも通りのマイペースで生きてゆくまでです。

熊　倉（２０１６・７・２）

「事実は小説よりも奇なり」と申しますが、私も不可思議境の世界を、現在楽しんでおります。また未来も楽しみにしております。

木村先生、私の話を聞いて頂き、感謝申し上げます。木村先生の出番が来た時には、宜しくお願い申し上げます。

沖縄ですが、私も「国立戒壇」でお尋ねしたら「イエス」でしたが、「国立戒壇大曼荼羅御本尊」でお尋ねしたら「ノー」でした。沖縄に住む多くの霊位が、まだ成仏されていないのでしょうか？

木　村　実は、そのための「沖縄行き」なのですよ。
確かに、「国立戒壇大曼荼羅御本尊」でお聞きすれば、伊勢神宮ですね。

「大曼荼羅御本尊」のお札《ふだ》

熊　倉（2016・7・2）

木村先生のご同意を得て、とても心強くなりました。感謝申し上げます。

これは直接にお会いした時にご説明しようと思っていたのですが、沖縄行きが近日中とのことで、このメールでご説明いたします。

添付致しました「大曼荼羅御本尊」のお札は、日蓮宗宗定御本尊で「臨滅度事御本尊」と呼ばれている日蓮聖人ご本人が書かれたものです。真蹟（原本）は今も鎌倉に存在しています。この御本尊を木村先生の「宇宙からの頂戴もの」へ追加として一緒に入れて頂ければ、相対的（二つ）並べても矛盾することはありません。

「大曼荼羅御本尊」を適当なサイズにコピーして、ピラミッド型の設置に追加して頂ければ、効果はすぐに判明します。サイズは「縄文式波動問診法」で判断して頂ければ良いと思います。これを追加すれば、多くの霊位に届き、沖縄本島は全て網羅します。

お祈りの最後にお題目（南無妙法蓮華経）を１０回唱えてください。

理論的根拠は直接お会いした時にご説明いたします。日蓮聖人の許可は得ております。

しかし、一般の人が真似ても効果は出ず、本化の四菩薩だけが使用可、と仰っておられます。沖縄でのご奉仕のお助けになればと思い、急いでご連絡申し上げました。

木　村（２０１６・７・２）

またまた、笑っちゃいました。「なあんだ。そういう仕掛けをして下さってたんですか」という、天に対しての、心地よい、素直な、そして、喜ばしい「笑い声」でした。

コピーして、ラミネートして、新しく授かった装置（△型でなくゴム製のプレート状です）と並べて埋めてまいります。そのようにすることがベストだと、教えられましたので。

すでに、場所も数か所、特定しています。

明日出発です。何というタイミング。だから、笑っちゃったのです。

ちなみに、先月は二回にわたって福島を回り、△大を要所、要所に埋めてまいりました。

一人で、こっそりと。

熊　倉（２０１６・７・３）
ご同意頂きまして感謝申し上げます。
私事で恐縮ですが、この三ヶ月間で宇宙のエネルギー（フリーエネルギー）を身体に吸収させて頂くことが出来るようになりました。お陰で体重は10キロ減り、先週、医者での定期検診では、今まで数値で問題があった血圧、コルステロール、肝臓が全て問題なくなりました。私の今までの人生の中で初めてです。

身体はすこぶる健康で、ほぼ絶食でも一週間問題なく、体力も落ちることなく、今までで最高の身体の調子となっております。大気から呼吸によりエネルギーを得ることが出来るようになりました。水分も吸収できるのかと、今、考えております。

長期間何も食べず、飲まずでも生きている人がいるという事を聞いたことがありますが、今、改めて人間は宇宙のエネルギーを無駄なく得れば、それも可能なのだと信じています。

しかし、私は食べる、飲むことが大好きなので、今回の体験は食糧危機が来た時の予行演習であって、日常生活は普通にしております。

人間とは不可思議な生き物であることを改めて実感しました。

木村（2016・7・3）

先ほど、準備万端整えました。何やら、ありがたいお札が十五枚、ラミネート加工で完成です。それにしましても、宇宙のエネルギーを身体に吸収する能力を身につけられたとは、すごいことですね。やはり、熊倉さんは「ただものではない！」人物ですね。

私といえば、相変わらずの大食漢で、呑兵衛で、しかも、最近は、ヘビースモーカーと来ています。「俗人の極み」です。

ただ、こんな私なのに、なぜか、心身の問題での相談者が続出してきています。そして、こともなげに解決してあげますと、お帰りの際には、わが社の商品の幾つかを買ってくださいます。ありがたい事です。

私には、この人生スタイルが、一番楽なので、合っていると思っています。

熊　倉（2016・7・3）

私も「俗人の極み（なまぐさ坊主）」です。それが本化の菩薩の資格なんだと、日蓮聖人は仰っておられます。

宇宙のエネルギーを身体に頂戴する方法を知れば、誰でも出来ます。だから、日蓮聖人は「お題目」を、私たち俗人の為に残されたのです。

沖縄へのご道中の安全とご成功をお祈り申し上げます。

沖縄行き

木　村（2016・7・6）

昨日、沖縄から帰ってまいりました。あの狭い島内を、203km、レンタカーで走り回りました。計6ヵ所に設置してきたのですが、あらかじめ決定した場所へ行き、最適な場所を探していると、まるで、導かれるように朽ち果てた墓石があり、巨大なガジュマルの太い根っこに覆われた岩の裂け目があり、観光客でにぎわう場所でも、そこだけひっそりと人目につかぬ場所があり、車のナビに惑わされて道を間違えると、そこに最適の場所があり……、という具合で、完璧に設置完了してまいりました。

熊倉さんからのご依頼の「お札《ふだ》」も、しっかりと設置してまいりました。お題目も、忘れずに、唱えてまいりました。

「縄文式波動問診法」で調べてみましたら、沖縄全体の、ほぼ六割が浄化されました。

100パーセントになるために、後日、参上したいと思っています。

「70数年間も待っておられたのだから、あと数か月ほど待つのは、あっという間でしょう」と、沖縄の御霊たちに話しかけ、了承を得て帰ってまいりました。

沖縄の南部地域は、電磁波はもちろん、幽体もすべて浄霊されましたし、「邪気」までも、浄化してしまった気配を感じてきました。三日目の朝、飛行場に向かうレンタカーから見渡した沖縄の街は、心なしか、すごくすっきりとして、吹き込む風も爽やかでした。

これからも「天命」に従って、日本中を飛び回ります。「日本」全体が浄化できれば「世界」も浄化されます。わざわざ、各地へ出掛けなくても。日本は世界の縮図ですので。

こういうお役目をいただけたことに、深く、深く、感謝しているところです。

熊　倉（2016・7・7）

沖縄でのご奉仕、大変お疲れ様でございました。「お札《ふだ》」も設置して頂き感謝申し上げます。今まで迷っていた霊体たちも、安心されたことでしょう。

そして、木村先生が浄霊された霊体は四万人と出たのですが……。

私も、アメリカ国内で浄霊をさせて頂いております。アメリカは移民の国と言われていますが、私は侵略された国だと思っています。原住民のアメリカインディアン、アフリカからの黒人奴隷の人々への虐殺の歴史と戦争があります。これらの霊体（日本の10倍）を供養することが、アメリカという国が世界に対しての行いを改めるきっかけになると信じています。

木　村（2・16・7・7）

アメリカの歴史は、まさに、原住民達への暴虐の限りの歴史ですよね。ハリウッド製の「西部劇」に胸を躍らせていましたが、あれも先住民たちへの力による排斥の物語ですものね。奴隷の歴史も、アメリカの暗黒史として、隠せない事実です。それを、「民主主義」という名でカムフラージュしているだけですね。力こそ正義、という一信教の傲慢さが如実に表れていますね。そして、そんな世界を浄化すべく、「日本人・熊倉祥元」が、単身、頑張っておられるのですね。

私も身が引き締まる思いがいたします。

熊　倉（2016・7・8）

木村先生が仰っておられます通り、世界中が浄化されています。今朝、北米大陸は浄化されました。南米、ヨーロッパはまだですが、近々されるでしょう。

木村先生はムー大陸のエネルギーと繋がったようです。凄いことです。まさしく「現実は小説よりも奇なり」になって来ました。益々面白くなってきました。

木村（2016・7・7）

そうなんですか。ムー大陸のエネルギーともつながったのですか。エライこっちゃ、というところです。ところで、夕べ、床の中に入ってから、ふと、今回の沖縄でのことを思っていまして、熊倉さんが「4万人が浄化された」と書いてあったことを思い出し、改めて「縄文式波動問診法」でお聞きしましたら、「40万人」という数字が出ました。

「4万人」は少なすぎるなあと思いながら、その時は、調べていなかったのです。

熊　倉（2016・7・8）

私が思うには、浄化されるのは瞬時では無く、時間軸と空間軸での誤差が生じると思います。距離的に離れていると、伝わるまで時間がかかると思います。段々と増えていく様に思います。沖縄の浄霊された霊位は、今でも増え続けています。確かに今は40万人を超えています。

木村先生は霊界で国立戒壇は済まされました。木村先生は「天照大神」の霊格をお持ちで、「天照大神」と「大曼荼羅御本尊」のエネルギーの融合により霊界は変わりました。日蓮聖人は比叡山遊学後、伊勢神宮に行かれて、百日水行で浄められて毎日伊勢神宮へ詣でられたと言われています。

私は、日蓮聖人が「天照大神」と「法華経」の融合を考えられていたと考えます。

聖徳太子は袈裟を着けて、神仏融合を表していました。

次回、日本へ行った時に伊勢神宮へ行く予定です。日蓮聖人の「誓願の井戸」が今でもあります。実家から一時間以内で行けます。子供の頃は必ず一年に一度は参拝していました。

木　村（2016・7・7）

ますます、エライコッチャ、ですね。確かに、時間空間を超え、しかも、時間とともにエネルギーが高くなってゆくというのは、私も今までに、何か所かで実感していました。

伊勢に本部がある「救世神教」という宗教団体に親しい友人が二人いるのですが、10数年前に一度、そのうちのお一人のお名前をお借りして「垣内参拝」をしたことがあるのです。最近、そのお二人の友人との交流が復活したので、近々、ふらりと遊びに行きたいと思っていたところでした。

何の思惑もなく、目的も持たず、フラリフラリと、あの境内を散策したい気分になっていたところです。

木　村（２０１６・７・１９）

こちらは、福島県と沖縄が終わったので、小休止しているところです。あまりゆっくりもできませんが、気力・体力・財力と相談しながら、残りの浄化活動を進めるつもりでいます。

明後日、東京で東出さんご夫妻に会いますので、初めて今まで一人で行動していたことを「白状」し、今後の設置の応援を頼もうと思っています。

今までは「一人でやること」との天命がありましたが、熊本以外は人様に頼んでもいいというお許しをいただいています。

熊本県だけは、私自身が出向いて、熊倉さんの「お札《ふだ》」とともに清めてまいります。流れのままに、機会が来るのを見計らって、出かけます。

熊　倉（２０１６・７・１９）

木村先生が浄化活動に励みになられていることに敬意を申し上げます。

私が何故アメリカに来て、ニューヨークに居るのかが分かりました。これは全ての確証がありませんので、私の想像域内です。伊勢神宮のご神体は、第二次大戦後からそこにはなく、ニューヨークに存在するという説です。私が調べた限り、その可能性はあります。

日本行き、再びキャンセル

木　村（2016・7・19）

日本行きが伸びましたこと、これもカンナガラのお計らいだと思います。それまでに、浄化装置の未設置である本州六県と九州七県を網羅できると思います。

先日（二十二日）は、久しぶりに東京で東出さんご夫妻とお会いできて、今まで秘密裏に一人で行動していたことを、全てお話しいたしました。熊倉さんとのことも。公表してもよろしいとの、天のお許しを得て。それで、残る県の設置のお手伝いを、お願いいたしました。

昨日、電話がありまして、岐阜県内二カ所に設置してくれたとご報告をいただきました。「設置した途端、あたりの雰囲気が変わるのがわかりました。」との事。

すべてはカンナガラ、カミハカライで動いています。

九州の熊本県だけは、私自身が行って、ここには、熊倉さんのお札《ふだ》も一緒に埋設するつもりです。

熊　倉（2016・7・28）

おっしゃられる通りで、カンナガラのお計らいと思います。毎日、色々と発見が有り、どの様に処理していくかを考えております。

私が日々すべき事が修行であり、それによって結果が生まれてくると信じております。

浄化活動の終盤に近づいて来ているご様子で何よりです。この活動がこれからの日本の未来をより良くする為には、不可欠なことであると考えます。これからこの浄化によって悦びを感じる人と、不快を感じて反発する人に分かれていきますが、最後は善が勝つことになります。将来への地盤が着実に築かれていると私は信じます。

そろそろ、公にしてもよい

木　村（2016・8・1）

熊倉さんのメールを拝読して、分かったことが一つありました。今までは「秘密裏に、一人でやること」との天命があったのですが、「もうそろそろ、公にしてもよい」との変更は、そのことにより「篩《ふるい》」にかけるのかなと思って、「縄文式波動問診法」でお聞きしましたら、「そうだ」とのこと。不快に感じて、反発する人達をあぶりだす過程なのかもしれませんね。そういう意味があるなら、少し急ごうかなあと思った次第です。

熊　倉（2016・8・1）

今までのご奉仕活動に敬意を表します。「科学者たちや、いわゆる有識者と言われている連中は、有限のもの、目に見えるものしか認めない」については私も同感です。

私は、「縄文式波動問診法」、「宇宙エネルギー戴パワー」、等に出合って、量子力学の分野についての、一般の人々の認識の無さを痛感に思う日々です。

視覚的に認識できる側面の裏付けになっているエネルギー等に、人々はあまりにも無関心であります。また、物質世界の発展により、便利になったという恩恵はありますが、人間本来所持している素晴らしい機能が退化していると思えます。

まさしく、今、心ある人たちが人類の危機だと言っている、コンピューターが人間をコントロールする時が来るということです。コンピューターが人間を超えることは有り得ないと思いますが、物質偏重の発展が人類を破壊し、リセットすることはあり得ます。

木村先生の奉仕活動と事業が、世界中に結界を作って崩壊事態を防ぐ役割を行なっておられると信じます。私も何かのお役に立てることあればと願っております。

木　村（2016・8・1）

「結界を作る」ということに関しては、私も以前から、熊倉さんにご協力を考えておりました。しかし、最初に作った△（4面が三角）大は一辺が18センチもあり、かさばるのでお送りすることをためらっていました。

ところが今は、まことにコンパクトな形で完成していますのでお送りすることも容易になりました。ぜひ、ご協力ください。お送り先のご住所をお知らせくださいますか。少しずつでも、お送りしたいと存じます。

木村（2016・8・2）

昨日、二十枚だけ発送いたしました。中に説明書きを入れておきましたので、よろしくお願いいたします。

熊倉（2016・8・6）

本日、「北アメリカ用」二十枚を拝受致しました。お送り頂き感謝申し上げます。説明書を拝読致しました。今回のお送り頂いた製品は、二枚でも相殺的になりません。これは凄いことです。強力なパワーを「縄文式波動問診法」で確認できました。近日中に地図を広げて設置場所を決めます。

木村（2016・8・5）

これが二枚でも相殺しない、という事、知りませんでした。今、確かめてみましたら、まさしく、そうですね！　宇宙の意志の命じるままにできたシロモノです。改めて、宇宙の意志の凄さ、あたたかさを感じています。

念のために調べてみましたら、南半球用も二枚で相殺されませんでした。

「地球を元に戻す、最終兵器（?）」なんだと、今の所、思います。近い将来、もっとパワフルなのが与えられるのかもしれませんが、とりあえず「これで、やってみなさい」という天の意志のような気がしてまいりました。

「台風」の意味

熊　倉（2016・8・23）

台風の影響は、いかがでしょうか。東北地方に台風が来ている様子なのでご連絡申し上げました。ニュースではあまり大きな被害は出ておりませんが、如何でしょうか。

こちらニューヨークも、毎年今頃からはハリケーン到来の時期なのですが、今年はまだ発生しておりません。これもお送り頂いた「貴重品」のお陰と感謝しております。

設置場所を慎重に検討して、調査しております。色々な貴重な発見を頂戴しております。時期と確証が訪れた時に、ご報告させて頂きたいと思います。

木　村（2016・8・22）

台風の意味は、「地球の意志による浄化行為」だと、知花先生や風天さんの書にありますが、私も、今は100パーセント、そのことを信じています。

今回の台風9号は、青森県を大きく避けて北上してくれました。風、雨共に、青森県津軽地方（私の住んでいる地域）は、被害は皆無でした。隣の秋田県や岩手県は、大雨による被害があったようです。北海道は、立て続けに「浄化されて」います。必要なのでしょう。

台風銀座と言われていた沖縄も、今年は台風の上陸は皆無です。こんなことを考えると、人智人力では到底思い及ばない宇宙の意志、地球の意志の存在を、しみじみと感じられます。

昨日、8月22日は、私の生母の命日でした。私が小学一年生の時に、三十三歳の若さで亡くなっています。久方ぶりにお墓参りに行き、「南無妙法蓮華経」を、真剣に唱えてまいりました。

アメリカの浄化開始

熊　倉（2016・8・24）

時間・空間軸を超えて、「南無妙法蓮華経」で、木村先生とご縁を頂いておりました。

最初の設置場所を模索していたのですが、なかなか定まらなかったのですが、この日曜日の日曜礼拝にフィラデルフィア市在住のお寺の信者さん（アメリカ人）が息子さんと一緒に来寺されました。その際、「縄文式波動問診法」でお伺いしましたら、「ＯＫ」を頂きました。

アメリカ合衆国建国の地であるフィラデルフィア市が、最初の設置場所になりました。もちろん偶然ではなく、カンナガラでございます。

信者さんに「貴重品」について詳しく説明しましたら、まだ信じきれていませんでしたが、とても喜んで帰られました。フィラデルフィア市はニューヨークから約100キロ南西に位置しています。

今朝、日課のグランド・ゼロ慰霊公園とお天道様へのお参りに於いて、ニューヨーク市マンハッタン島が、現実的に聖地に戻ったことを確信致しました。もう既に秋を感じる気温と快晴と、日の出からの素晴らしいエネルギーを頂戴致しました。

結界はフィラデルフィア市から、約100キロ強南の首都ワシントンDCまで既に届いていると感得致しました。四角形の各点への配置場所は、自ずと決定されていくことと思います。木村先生のお陰でございます。心より感謝申し上げます。

運転中に唱える言葉

木　村（2016・8・23）

素晴らしいご報告に、思わず笑みがこぼれました。

待てば海路の日和あり、という日本人の知恵は、まさにカンナガラの事だったのですね。

それにしましても、熊倉さんの「縄文式波動問診法」の腕前は、本家本元を超えていますね。素晴らしいことですし、これ以上の喜びはありません。唐突に「師匠冥利に尽きる」という言葉が浮かんでまいりました。おこがましいですが……。

そういえば、最近、一人で運転するときに必ず唱えている文言に、私の知っているお経が加わっています。いつも、最初に唱える言葉は、

「ヘイタテ神宮におわします、カムロギノミコト様、おはようございます。カムロミノミコト様、おはようございます。大宇宙大和真様、おはようございます。アメノミナカヌシノカミ様、おはようございます。アマテラスオオミカミ様、おはようございます。今日もまた私は、世のため人のため、地球のレベルを上げるため、宇宙の調和を保つために、力いっぱいに働かせていただきました。お導き、お守りいただきまして、心より感謝申し上げます。ありがとうございます。ありがとうございます。」

次に唱える文言は、

「ウニヒピリさん、おはようございます。昭和十七年十二月二十七日生まれ、木村将人の過去・現在・未来をクリーニングいたします。どうぞ、よろしくお願いいたします。ごめんなさい。許してください。愛しています。ありがとうございます。」

最後の「ホ・オポノポノ」の四つの言葉は、何度も何度も繰り返しています。

そして、日蓮宗のお経です。

一人で運転の時は、声を出して。同乗者がいるときは心の中で。運転するときは必ず唱えることが習慣化しているのです。

「南無妙法蓮華経」のお題目を唱えるときの心の動きが、以前よりも真剣になっていることを感じています。これは、熊倉さんのおかげです。

現実の世界では、次々と新しい方々とのご縁が広がっています。しかも、以前と違って、「経済のある道徳」につながる人脈なのが、うれしいのです。やはり、かたくなに、愚直に生きてきた、「この生き方」が、今になって形を現してきたように思います。

これもまた、カンナガラなのでしょう。ありがたいことです。

熊　倉（2016・8・26）

お師匠様から身に余るお言葉を頂戴して、大変、恐縮に存じます。「縄文式波動問診法」を毎日活用させて頂いて、そのお答えに勉強させて頂いております。

時として「何故この答え？」と思ってしまうことがありますが、後日に、その答えの意味が明らかになります。とても、不可思議の世界です。

仏様の常住を確信している自分ですが、日々諸々の事情への対処に迷うことがあります。

その時に仏様との「感応道交」の具象化として「縄文式波動問診法」はとても重要な手段でありま す。ご教授頂きました木村先生へ、改めて心より感謝申し上げます。

木　村（2016・8・26）

「仏様との『感応道交』の具象化の手段」として「縄文式波動問診法」が役に立つ、とのお言葉。まさしく、私も「それ」が一番ありがたく思っているのです。

「これ、本当ですか？」と「天」にお聞きします。「天」とは、「宇宙の意志」であり「神」でもあります。すると、瞬時に、「イエス」か「ノー」を教えてくれます。だから、迷うことがありません。

会社の仕事での環境浄化のレシピ、健康維持のためのスペシャルドリンク製造のレシピはもちろん、初めての道を運転していて二股に分かれている時、右か左かということまで、私は瞬時にお聞きして、それに従ってまいりました。

なんともはや、便利な方法ではあります。この技術を授かったということは、「この技術を活かしなさい」という宇宙の意志からの厳命があるのだという確信があります。

「貴重品」の威力

熊　倉（2016・9・10）

日本は大雨の影響で、各地で大きな被害が出ているのを、ニュースで見ています。確かに天災は、人々の邪気から起こると言われておりますが、最近は人工的な邪気による気象操作があると思います。

木村先生から拝受致しました「貴重品」の設置が、三名のお寺の信者さんの家（ニューヨーク市から100キロ以上）になりました。皆さんも一生懸命にお題目も唱えて頂いております。これで私の居るところを合わせて四地点となり、結界ができました。

この日曜日は9・11北米同時多発テロの、15周年になります。今回の犠牲者追善法要は、とても気持ちが良い法要が出来ると楽しみにしております。

154

それは木村先生のお陰でニューヨーク市に結界が出来て、マンハッタン島に聖地が戻って来たからです。改めて感謝申し上げます。

木　村（2016・9・10）

「人工的な邪気は、宇宙の意志エネルギーには太刀打ちできない！」と喝破された熊倉先生は、流石だなあと、頓首感服いたしました！

送られてきた映像も、見せていただきました。こういう事が起こっていたのですねえ。

「彼ら」の陰謀も、所詮は「有限な科学技術」で作り出されたものですものね。「無限大」の宇宙の意志、宇宙のエネルギーにかなうはずがありませんものね。

福島県の次は、岩手県に再度の設置と、いよいよ熊本県だなあと計画を立てている矢先の台風10号の洗礼でした。「彼ら」の存在もまた、天から見れば巨大な将棋盤の上の小さな駒の一つなのだと思っています。ですから、「存在理由」もあるのだと思います。同様な意味では、国際的な政治の紛争も、テロ集団も、聞く耳持たぬ暴君たちも。

私は、大きな失敗で痛手を負わなければ気が付かないウツケ者ですので、他の人たちよりは、よくわかるのかもしれません。お釈迦さまの手のひらに踊らされる孫悟空のような状態が、今の地球上の政治・経済の「自称・指導者」達のような気もしています。

もう少し、人間どもにやりたいことをやらせておこうかと、天上から和やかに見下ろしているのではないのかな、とも思います。

明日は「9月11日」だったのですね。つい、失念しておりました。すべては洗い流された過去の出来事と思っていたようです。

9・11　ニューヨークの朝

木　村（2016・9・11）

ネットで、式典の様子を見ました。幽体の気配も、邪気も、みじんも感じられませんでした。浄化されているのですね！

このような〝場〟を、もっともっと作っていかなければ、と強く思った朝でした。

熊　倉（2016・9・12）

木村先生からのお言葉を頂戴して、とても嬉しく、心強くなりました。

2001年9月11日の朝、仕事で世界貿易センタービルに向かっている時に、世界貿易センター南ビルの爆発を目撃してから僧侶になる決意を固めて、翌年、日蓮宗の教師になりました。それから今まで、米国内同時多発テロ犠牲者の方々の供養をさせて頂いてきました。

昨年の11月に木村先生とのご縁を頂き、ご教授を頂いたお陰で、今年15周年に結果を出すことが出来ました。私が毎日供養をさせて頂いていることだけでは、決してこの結果は生まれませんでした。重ねて心より感謝申し上げます。

「貴重品」を拝受してからは、表面には現れていませんが、裏では色々なことが起こっていたようです。お陰様で、大きな出来事もなく、今日を迎えられたことを感謝しております。

ベストタイミングでありました。本日、ニューヨークは、朝は曇っていましたが、午後は快晴となり、２００１年９月１１日と同じ日差しが射していました。

木　村（２０１６・９・１８）

ニューヨークの事件の報道が、紙面のトップを飾っています。「死者無し、日本人の関係者、無し」に、少し救いを感じています。熊倉さんの存在を、感じています。

宇宙の大愛に比して、なんと人間社会の矮小さよ、とも思います。

我らは、われらの道を、さらに突き進むしかありません。

熊　倉（２０１６・９・１９）

ご心配を頂き、恐縮に存じます。ニューヨーク地元ではあまり騒ぎになっておりません。

地元のテレビ局のニュースは、時たま、この事件を流しているだけです。

９１・１同時多発テロと、５年前のハリケーンを経験していますので、少々の出来事では、ニューヨークでは騒ぎにならなくなりました。日本など、ニューヨーク以外の外部の方が、事件を大きく取り上げていますね。

木村先生から拝受致しました「貴重品」のお陰で、大難を小難に変えて頂いたと信じております。

木村（2016・9・18）

回りが騒ぎ立てているだけなのですね。よかった、よかった。

宇宙の意志のパワーが、「大難を小難に抑えてくださった」というのは、私も感じていました。ところで、先日のものよりもさらにパワフルなのが出来ましたので、お送りいたします。

日頃親しくしている二人の方との、何気ない言葉からヒントを得て完成させました。日本でも、これを「必要な場所」に設置するつもりです。

熊倉（2016・9・18）

宇宙の意志のパワーがドンドン進化し、パワーアップで凄いことになっていますね。これで地球内の浄化は、早まりそうです。

熊倉（2016・10・1）

本日、新製品を拝受致しました。お送り頂き、感謝申し上げます。早速に一枚だけを置いて、「縄文式波動問診法」で貴社のゼロ地場グッツで試しましたが、結果は開かない指が、開いてしまいました。エネルギーが強力な為とのことですが、不思議です。

これは、ゼロ磁場は存在するのですが、エネルギーが強すぎて、「縄文式波動問診法」でのお互いのエネルギーのコミュニケーションがとれないと言うことでしょうか？

二枚、三枚重ねると、平常通りに「縄文式波動問診法」が使えました。

後日に新製品についてのご報告を致します。

新たに、わかった事

木　村（２０１６・９・３０）

「そのこと」が、分かったことで、はじめて「新たな使用方法」もわかった次第です。

なぜ、そういう現象が起こるのかは、今のところ、私にも分かりません。熊倉さんがおっしゃるように「エネルギーが強すぎる」のかもしれません。ただ、自然現象の中では、「悪さ」（悪い副作用）は、無いようなのです。

「縄文式波動問診法」や「オーリングテスト」で調べるときには、今回の使用原則を守らなければ、正しい答えはいただけないようです。ある意味「もろ刃の剣」的なところもあるのかも知れません。ケガレチをイヤシロチにするには、これまで作ってきたものの馬力数を、上限にした方がよいと思っています。

熊　倉（2016・10・2）

昨日から「新製品」を観察しております。強力なエネルギーであることは色々と現象に現れております。ふと私の脳裏に「この新製品は、アメリカ大陸の為に発明された。」ということが浮かんできました。

南北約三千キロと、東西五千キロの広大なる土地で、百キロ四方の土地で、誰も住んでいない地域がある国に設置するのに最適と私は信じます。益々、面白くなってきました。

木　村（2016・10・2）

またまた、壮大なヒラメキをいただきましたね。「縄文式波動問診法」でお聞きしましたら、「その通り！」とのお答えでした。熊倉さんのヒラメキを基にして、私も、いろいろと模索してみます。きっと、新たなる「授かり」をいただくと思います。

まさしく、「ますます、面白くなった」ようですね。

宇宙の意志の赴くままに、将棋の駒の一つになって、一日一日を、楽しんでゆきたいと思います。

熊　倉（2016・10・2）

「縄文式波動問診法」で「新製品」についてお尋ねしましたところ、「南無妙法蓮華経」の「妙法」の意味である「蘇生変毒」、「能開開会」、「具足円満」のすべてが、エネルギーとして放出していると出ました。前回送って頂いた「旧製品」にはありませんでした。

もちろん浄化効果は素晴らしいですが、「新製品」はコンセプトが全く違うように思えるのです。

私の憶測では、両方の製品には「曼荼羅御本尊」が、入っていると思っております。

何故、お題目を唱えるのかは、「蘇生変毒」、「能開開会」、「具足円満」の仏力を信念受持によって、授かることです。それによって即身成仏するのです。仏様と己れの「感応道交」が無ければ、仏には成れません。これが今までの私の認識です。しかし、この「新製品」は、「新製品」のエネルギーに接触するだけで、形相を変えずに成仏（価値を生む）化させます。これは驚異的なことです。人間への効用はまだ確認しておりませんので、明日、お寺の日曜礼拝がありますので、注意深く観察したいと思います。私の個人的な考えで恐縮ではございますが、述べさせて頂きました。

鹿児島・熊本行き

木　村（2016・10・8）

5日から、東京、鹿児島、熊本と回って、夕べ遅く帰って参りました。

ある組織の10数名の鹿児島県への団体旅行だったのですが、私は、鹿児島空港で一行から別れて一人居残って、お昼頃から夕方まで、レンタカーを借りて熊本県を回りました。

そして、熊倉さんからいただいたお札《ふだ》と共に、10カ所近くに埋設してまいりました。熊本城の石垣にも挟んでまいりましたよ。

七日の夕方に熊本入りし、入退院を繰り返していた大学浪人時代の旧友を尋ね、十数年ぶりの再会を喜び合い、語り合いました。

八日の夕方五時の鹿児島空港発までの間にセットしようと決めていたのですが、八日未明、阿蘇山が大噴火いたしました。私にはそれが、祝砲に感じられたのです。

レンタカーを走らせ、ヒラメキのまま（カンナガラ）に、「ちょうど良い場所」に設置するたびに「熊本県は、もう大丈夫だ」という確信が生じてくるのです。

「動かなければだめだ！」という、自分自身への発奮材料をたくさんいただけた旅でした。

さらに動き回ります。

大型ハリケーンの来襲

熊　倉（２０１６・１０・１０）

熊本での浄化活動、大変お疲れ様でした。これで熊本、九州の方々が安心して休まれることを願っております。阿蘇山の大噴火とはパーフェクトのタイミングでした。

こちらはカリブ海で発生した大型のハリケーンは、ハイチ、フロリダ州に災害をもたらしましたが、１００兆馬力プレートがあるニューヨークに近づくにつれて、手も足も出なくなり、昨夜には熱帯低気圧になって、今日の昼にこの辺を通過しておりますが、恵みの雨となって大地を潤しております。４年前のハリケーン「サンディー」のニューヨークでの災害の記憶がありますので、感謝しております。

伊勢神宮を浄化する為に、木村先生とご一緒に伊勢へ行きたいのですが、宇宙の意志からまだ「イエス」の返答は頂いておりませんので、時期を待っているところです。

伊勢神宮が終われば、北米大陸の浄化に進みたいと計画しております。１００兆馬力プレートで達成できると信じております。

木　村（２０１６・１０・９）

大型ハリケーンの行方を注目していましたが、やっぱり、そういう事になっていたのですね。それにしましても、このような会話が出来ることの喜びと幸せを、つくづくと感じています。この道は、宇宙の意志に繋がっているのだという事を実感しています。

というよりも、宇宙の意志の「将棋の駒の一つ」として働かせていただいている幸せと誇りと言った方が本当なのかもしれません。この道を、さらに進みます。

伊勢神宮の件は、ちょうど良い時に「天命」があると思います。

熊　倉（２０１６・１０・１２）

おっしゃる通りで、「将棋の駒の一つ」であると私も信じております。

宇宙の意志はエネルギー体として永遠に存在しておりますが、目に見える物体として存在することは、出来ません。そこで宇宙のエネルギーの化身として、我々をこの世に送り込んでいるわけです。それを法華経観では「本化の四菩薩」と言っています。日蓮聖人は「論証」、「文証（お経）」、「現証」と言う形で、御遺文に残されています。ですので、この世には、台本が有ります。

しかし、演じるのは我々ですので、未来はまだ、未完成であります。

木　村（2016・10・11）

最初の頃は（熊本設置の時も）、「宇宙エネルギー戴パワー」プレートと「祥元プレート」として、設置してまいりましたが、昨夜から今朝にかけて、「日蓮聖人プレート」としての意味とありがたさがようやく実感できました。この二枚で、一つの空間（社長室とかホールとか、教会とか、本堂とか……）の空間波動を調整し、邪気を払い、波動（宇宙のエネルギー）を正すことが分かりました。そして、この場合の「宇宙エネルギー戴パワー」の馬力数は、「一億馬力」という事もわかりました。何か所かで実証してみて、その後、お送りいたします。

「木村将人の旨味」

熊　倉（2016・10・13）

これは木村先生の「天照大神の霊位」と「宇宙の意志」が統一・融合・一体化したということで

す。木村先生の「旨味」が入ったと言うことでしょうか。

これは木村先生の特許（宇宙の意志からの）であり、他人が同じく真似て作っても、効果は発揮することは無いでしょう。木村先生の「旨味」は誰も作ることは出来ません。もし、作れる人が現れた時には、地球は平和になります。

前回に拝受いたしました「１００兆馬力プレート」にも、既に木村先生の意識として「旨味」は入っていたと信じております。

この２～３日、米国東海岸の気象レーダーを観察しておりますと、米国東海岸全体と中部地区まで、エネルギーが行き渡っております。

木　村（２０１６・１０・１２）

なるほど、「木村将人の旨味」ですか！　言いえて妙なる表現ですね。ストンと腑に落ちます。「宇宙からの特許」とはまた、凄いことになりましたね！　これもまた、違和感は、みじんも感じません。

今朝がた五時前に、同じようなことを感じていました。

「これは、私しかできないのです。設置は誰でも出来ますが、最後の決め手の『スイッチ・オン』の所は企業秘密とします。この最後の『スイッチ・オン』は遠隔でも可能です。」

このような営業トークが、浮かんできたのです。このやり方ですと、設置場所の写真があれば、プレートを二種類送って、それぞれの場所を指定して設置した後に、私がスイッチ・オンにすることで、その場所の波動（宇宙からのエネルギー）が、ポンと上がります。

「道徳のない経済は、犯罪である。経済のない道徳は、寝言である。」と教えてくれた、二宮金次郎翁の遺訓を実践しましょう。ますます楽しくなりました。

熊　倉（2016・10・14）
二宮金次郎翁の遺訓通りですが、そういう人は今の経営者には少ないように思えます。
宗教界に関して思うことは、「富の上に成立する宗教は、偽善である。富を生み、民を救済する宗教は、善である。」と、私は信じております。日々が営業です。

木　村（2016・10・14）
本当にそうですね。今の経済界も宗教界も「天の意志」からは大きく離れていますものね。
「富を生み、民を救済する宗教」とは、いい言葉ですね。

非常識が常識を超える

熊　倉（2016・10・26）
いつもメール通信をお送り頂き感謝申し上げます。「非常識」が「常識」を超える。正しくその通りと思います。「常識」は我等凡夫が考えだした「社会規範」であって、宇宙の意志からすれば、宇宙の塵にも満たないことです。

最近、私はエネルギーが全てを構成しているという事を信じております。そして、それぞれのエネルギーを、仏教で言う「十界」、(「地獄界、餓鬼界、畜生界、修羅界、人間界、天上界、声聞界、縁覚界、菩薩界、仏界」)で観察していくと、それらの動きが良く分かってきます。もちろん、その「十界」の判断は「縄文式波動問診法」で行います。人間にも当てはまります。

今まで「浄化」ということの線引きが、明確では無かったのですが、この法則を使うと鮮明になりました。下から六界を「六道」といい、迷いの世界で「不浄化」、上四界を「四聖」と言いまして悟りの世界であり「浄化」されています。

「声聞界」と「縁覚界」は浄化されていますが、悪に触れると染まってしまいます。「菩薩界」は悪に触れても、染まることはありません。「仏界」は悪に染まることは無く、悪を善に変える(蘇生変毒)働きを持っています。

これを基として判断すると、100兆馬力プレートと曼荼羅御本尊を一体にすると、仏界エネルギーとなります。1兆馬力プレートと曼荼羅御本尊を一体にすると菩薩界エネルギーとなります。

各プレートの構成が私には明確でないので、これらの理由は分かりません。

しかし、それぞれの作用の違いは現証に出ています。

伊勢神宮のエネルギーのレベルは、戦前は「菩薩界」だったのですが、戦後直後、ある出来事で、汚れて「人間界」になってしまったということです。

今日の伊勢神宮の「十界」は、「声聞界」ですが、エネルギーは「人間界(不浄)」です。

エネルギーの「十界」は、「仏界」を除いて普遍では無くて変わります。凡夫の様に。

仏教でいう「十界」の教え

木　村（2016・10・26）

熊倉さんには今までもたくさんのことをお教えいただきましたが、今朝の御教えには、「う〜ん」と、思わずうなってしまいました。

実は、一昨日に、「一空間の波動を上げるプレートの馬力数」は一億馬力のみではないなあ、邪気の強さにより、それぞれに見合った馬力数があるなあと気が付き、昨日から、馬力数を上げる方法を考え、作り始めていたのでした。

ここに来て、今朝の「十界」の教えです。

対象の部屋なりホールなどの「十界」のレベルを「縄文式波動問診法」で特定して、それに見合う馬力のプレートと「曼荼羅御本尊」と組み合わせて「浄化」することが出来ることが、はっきりとわかりました。ありがとうございます。

木 村（２０１６・１０・２６）

早速、「十界」を一覧表にして、知り合いの方々を「縄文式波動問診法」で確かめてみました。面白いことが分かりました。頭に浮かんだいろんな人たちの十界のレベルを調べましたら、見事に階層分けできるのです。ちなみに、熊倉さんは「菩薩界」でした。不肖、私も。

先日、営業の旅をしてまいりましたが、面白いほどにそれぞれの個性・人格がはっきりとわかります。なるほどなあ、という納得です。今後も大いに参考にいたします。

熊 倉（２０１６・１０・２７）

少しでもお役に立てる事ができれば、幸いでございます。

私は、お寺の活動で分かったことですが、エネルギーが人々を選別することになります。ですので、客商売の場合は、あまり十界のレベルを上げると客が減る可能性があります。しかし、良いお客様を得ることが出来るので、これは、本人が決めることが良いのでしょうか。浄化された空間を創造すると、その浄化空間に耐えきれない人は、その場を去ることになります。または、本人が浄化を望めば環境は良くなります。

先日、私が申し上げましたが、木村先生は浄行菩薩です。これは特例で変わることはありません。しかし、木村先生から発せられるエネルギーは、仏界になり得ます。正しく即身成仏です。

十　界

	十　界				「宇宙エネルギー戴パワー」で調べた馬力数
1	仏界	四聖	浄化	悪を善に変える（蘇生変毒）	100兆馬力エネルギー
2	菩薩界			悪に触れても染まらない	1兆馬力エネルギー
3	縁覚界			悪に触れると染まる	千億馬力エネルギー
4	声聞界				1億馬力エネルギー
5	天上界	六道	不浄化		1千万馬力エネルギー
6	人間界				100万馬力エネルギー
7	修羅界				10万馬力エネルギー
8	畜生界				1万馬力エネルギー
9	餓鬼界				0
10	地獄界				マイナス10万馬力エネルギー

ニューヨーク在住の在家の僧侶・熊倉祥元氏によれば
人は、生きながらにして
「菩薩界」にも「仏界」にまでも、高められるのだそうです。
そのカギの一つが、「邪気」想念と「無邪気」想念、
すなわち、「心の持ち方」にもあるようなのです。
心したいものですね。

木　村（2016・10・27）

今、ホームページを一新するために、ある会社に依頼しているのですが、昨日、その若い社長さんと、こういう会話がありました。

「どう？　商売繁盛している？」「それが、縄文さんとお付き合いしてから、急にお客さんが増えてきているのですよ」と、真顔で言われるので、「あなたも、宇宙のエネルギーの恩恵にあずかっているのかもしれないね」と答えながら、そういう事もあるかもしれないなあと思った次第です。

ところで、「十界」のレベルを調べていた時に、会社経営の社長さん達は、このレベル（一億馬力）でいいんだな、という気になったのです。あまりレベルを上げない方がいいのかなあ、と。この感覚、正しかったのですね。それと、「修羅界」、「畜生界」の人たちとは、仕事のご縁は結ばない方がいいなあ、とも思いました。買って下さる分にはありがたいですが、代理店などにはしない方がよいかなあ、と。私の直感です。

熊　倉（2016・10・27）

「菩薩界」の人は、日蓮宗の教師になっている方でも、稀です。今まで三人の方を確認しておりますが、二人は既に遷化されておられます。私が知る限りでは、身延山久遠寺法主内野日総猊下が「菩薩界」であられます。

私が知っている「仏界のエネルギー」にまで高まっている場所は、身延山の日蓮聖人の御廟所（お墓）であります。日蓮聖人は「菩薩」であられましたが、発せられるエネルギーは「仏界」のエネルギーです。残念ですが、御廟所近くの日蓮宗総本山久遠寺のエネルギーは、「縁覚界」です。内野日総法主猊下は「菩薩」であられますが、エネルギーは「縁覚界」で、それが久遠寺に反映されていると思えます。

身体を持った人間が到達できる「十界」は、「菩薩界」が限界であり、「仏界」へ到達した方は、インドにご降誕された釈迦牟尼佛、お一人だけです。しかし、仏界のエネルギーを得ることは、誰にでも出来るのです。そのお一人が、日蓮聖人であります。

在世の時も上行菩薩であり、仏界のエネルギーをお持ちでありました。しかし、これは本化の四菩薩であり、唱題（南無妙法蓮華経）の御利益であります。

日蓮聖人と「同一のお題目」を唱えて頂ければ、木村先生も仏界のエネルギーを習得できます。ほぼ習得されておられますが。

仏界のエネルギーとは「宇宙の意志のエネルギー」であります。「同一のお題目」の意味は理論的に説明できます。日蓮聖人は本化の菩薩以外の全ての人々が、仏界のエネルギーを得ることが出来ると仰っておられます。これが私の次の課題であります。

空間内のエネルギーの「十界」と、そこに存在する全てのもの（有情、無情）は同比例します。動物、植物、家庭用品まで全てです。しかし、人間だけが同比例することを拒むことをしますが。以上のことが仏典に述べられております。

信じ難いことですが、「縄文式波動問診法」で確認することが出来ます。素晴らしいことです。ご教示頂き感謝申し上げます。

身延山のこと

木　村（２０１６・１０・２７）

今日の熊倉さんからのメールで、思い出したことがあります。

私の祖父母は、日蓮宗の熱心な信者でした。祖父は地元黒石市の菩提寺の檀家総代をしていました。その祖父が亡くなってしばらくして、私は祖母から「身延山」に行くように頼まれたことがあるのです。何が目的であったのか、全く記憶にないのですが行ってきたのです。

分骨（散骨）だったのかなあ。行っては来ましたが、さしたる感慨もなく、祖母の頼みだからと、素直に従って行ってきたのでした。２０代の後半か、３０代初めの頃だと記憶しています。

ところで、日蓮宗総本山久遠寺に一兆馬力プレートと、日蓮聖人様のお札で波動調整（エネルギーアップ）すれば、いかがなものでしょうか。その必要があるのであれば、私が行ってきますが。

熊　倉（２０１６・１０・２８）

身延山久遠寺には日蓮聖人の納骨堂が有り、その隣に教師、信者の位牌を納める場所が有ります。「霊山之契」と言って、全国各地から多くの方々が納めておられます。ですので、木村先生は御祖父様のお位牌を納められたと、私は思います。

一兆馬力プレートの件ですが、「縄文式波動問診法」で日蓮聖人にお伺いしましたところ、木村先生は、一兆馬力プレートだけを日蓮聖人の御廟所に設置し、「お札」は熊倉が設置するようにとのことでした。そして伊勢神宮の浄化をする前に、御廟所に設置すること、と。

伊勢神宮は「誓願の井戸」の場所に、一兆馬力プレートと曼荼羅御本尊を一緒に、二人で設置するように、と。以上が、日蓮聖人様からのご返答でした。

御廟所近くには日蓮聖人が住まれていた「御草庵跡」があり、その建物の建材で縮小化した本堂が、建てられております。そこに設置する予定です。

木　村（2016・10・28）
早速のお教え、ありがとうございます。またまた、楽しみが増えました。日蓮聖人の御廟所に行きます。出来るだけ、早い時期に。
それにしましても、「日蓮聖人様に直接お聞きした。」というのには驚きました。畏れ入りました。
熊倉さんの来日が、ますます楽しみになりました。

新しいホームページ

熊　倉（2016・11・2）

貴社ホームページを完成されましたことを、お慶び申し上げます。これは決して作成者の人格や、ホームページ製作技術を批判しているのではございません。最初にお断り申し上げます。私の率直な感想を述べさせて頂きます。

新しいホームページのエネルギーを「縄文式波動問診法」で調べましたら、「人間界」と出ました。旧ホームページのエネルギーは「声聞界」であります。

浄化を会社理念とされている「株式会社縄文環境開発」としては、四聖界の「声聞界」以上であることが望ましいと思います。

どの様に新ホームページを、「四聖界」に上げるかは、作成者のエネルギーレベルを上げることと、「株式会社縄文環境開発」の会社理念を理解し、納得して頂くことだと信じます。

ここまで新しいホームページを作られているのですが、本来の価値と木村将人社長の信念のエネルギーが、伝わってこない様に私は思います。

内容にご無礼がございましたら、深くお詫び申し上げます。

木　村（2016・11・2）

全くその通りだと思います。今回のホームページ一新には、「背に腹は代えられぬ」という会社存続の危機に瀕しているという経済的事情があったのです。

「電磁波被爆解消グッズ」は、昨年、爆発的に売れました。しかし、リピーターを期待できない製品です。「賞味期限はありますか」と問われると、「宇宙のエネルギーをいただいているパワーですので、宇宙の続く限り，効果をいただけます」とお答えしている商品ですので、ある程度広まりましたら、ぱったりと止まってしまったのです。

そこで、新たなる顧客を求めての決断でした。

融資依頼、成功

木　村（2016・11・15）

念願の身延山行きは11月月25日に決めました。

24日と26日に東京で大切な方との会合がありまして、その中間の25日に、行ってまいります。昨日、この日程を思いつきました。この日を「与えられた」と、とらえています。

熊　倉（2016・11・25）

身延山へ行かれる時は、是非とも日蓮聖人の御廟所へ行かれて、仏界のエネルギーを満悦して頂きたいと思います。

木村　身延山に行く目的は、もちろん、日蓮聖人様の御廟所へ一兆馬力のプレートをセットすることです。このことだけを目的に、出かけます。

熊倉　浄霊に関しては、私が、約十年前にロサンゼルスの日蓮宗米国別院に助員としていました時に、本堂裏に寝泊まりしておりましたので、色々と体験しました。

戦時中に全ての日系人は、強制収容所に移されて、帰ってきた時には全てを失って、またその後、寺院での抗争により、信徒は分裂して成仏できない霊位が多くおりました。

ニューヨークに戻ってきてからは、来寺する方々の中には、霊位を一緒に連れて来られることがありました。しかし、最近は殆どそのようなことは無くなりました。院内のエネルギーがかなり高くなって、そのエネルギーが選別して頂いていると私は信じます。

色々な霊位が存在しますので、油断は禁物と自分を戒めています。

三度目の「福島行き」

木　村（2016・11・20）

一昨日、東京で会合があったのですが、昨日、その帰り道に、朝早く東京を立ち、福島県郡山駅前のお店でレンタカーを借り上げ、福島駅前のお店に乗り捨てるコースを考え、福島県浜通りを220キロほど走破して、懸案の「事」を実行してまいりました。

東京へ出る間際に、ふと思って、「一緒に、日蓮聖人様のお札をセットしてもよろしいですか」と「縄文式波動問診法」でお聞きしましたら、「一緒に埋めるように」とのご指示。

今までに作った最高馬力のものと一緒に5カ所に埋設してまいりました。

ニューヨークの「十界」の上昇

熊　倉

福島での浄化活動、大変ご苦労さまでございました。これで東日本大震災後からの、大きな転換期となると信じます。このエネルギーが、日本を復興させることに成ることでしょう。

こちらは米国大統領選挙の翌日、11月9日に「縄文式波動問診法」で伺うと、ニューヨーク市のエネルギーが「菩薩界」に上がりました。9・11グランド・ゼロも、同じく「菩薩界」になりました。私が寺院として使用している部屋のエネルギーが、「仏界」に達しました。

ニューヨーク市マンハッタンのこの部屋に結界を作って、150日目に「即身成仏」となりました。菩薩界で「即身成仏」が出来るということです。

人里離れた山奥でなくて、この大都会のマンハッタンで修行が出来たことが、とても不思議であり、これからの布教活動の励みになります。これらすべての事がらは、木村先生から拝受致しました「一兆馬力プレート、百兆馬力プレート」無くしては到底達成できることではありませんでした。

今、この世のエネルギーが大きく変化していることを、確信しております。

木　村（2016・11・22）

今朝方、また、福島沖で「マグニチュード7・4」の大地震が起きました。その割りには、震度も津波の規模も、前回の時よりは桁違いに軽減されていました。このタイミングでの大きな地震の発生に、宇宙の意志の意図を感じます。こうして、「姿かたちで現す」ことで、宇宙エネルギーの存在を、人類に示してくれたのだと思っています。

いまだ無知蒙昧な科学者たちには、こうして、形にして教える必要があるのでしょう。そういう意味では、こういう機会は、まだまだ続けられると思っています。

少しずつ、少しずつ、目覚める人たちを増やしてゆこうという天のご意志なのでしょう。心しています。

「本音」を言うということ

熊倉（2016・11・23）

今、世界的に起こっている自然災害は、仏教、道教的から考えますと、必然的であると考えられます。近代の地震等の自然災害の犠牲者というよりも、二次的災害、人工的災害での人災が大半ではないかと思います。自然災害後の火災による被害や津波からの逃げ遅れ、救援設備の不備等であります。

もしかして、宇宙の意志は、自然災害を使って人々の思想、価値観のありようをチェックしているのかも知れません。これは、人間が自然との繋がりの重要性、恩恵、共存を忘れているから、それを気づかせるための天の意志なのではないかと思います。その様な人々が自然災害に遭った時の対応が、不幸な結果を招くことになったと考えます。

「その時」の「その地域」のエネルギーの差が大きく影響していると、私は思います。

古来、日本では山々を神と崇め、至るところで神（エネルギー）と共存していました。その様な日本は、世界でも稀な、高度質量エネルギーを持った国であることを、日本国外に長く住んでいますと、特に実感しております。そして、私は日本に生まれたことを誇りに思っております。

それぞれの国はエネルギーの質量を持っています。それによって、運不運は決まります。

今回の木村先生が福島に配置されたプレートは、地域のエネルギーの質量を上げて、人々が忘れかけていた高度な意識に刺激を与えて、災害時での正しい判断が出来る人々を増やしていくことになります。

お釈迦様ですら、法華経の「寿量品第十六品」で「本音（宇宙の根本真理）」をおっしゃる前に、娑婆世界の霊鷲山を浄化されて、六道の衆生（本人の認識無し）は別の処へ移されています。

最近、自坊でも「本音」を言える機会が出来るように成りました。以前は「本音」を言うとすると、邪魔が入ったり、人が去ったりしましたが、最近は話を聞こうとする人が増えたために、「本音」を話す機会が増えました。「本音」は準備万端、条件が整ったところで話さなければ、価値が生まれないことを学びました。それは浄化されたエネルギー空間です。

木村先生から拝受致しましたプレートと大曼荼羅御本尊の統合が、素晴らしいエネルギー空間を創造して、そのエネルギーが出会いを選択してくれていることに気づきました。

私が個人的に人を選ぶのではなく、宇宙の意志が出会いを作って頂いている様な……。

これからも自然災害、戦争などは絶えることは無いでしょうが、それに対応する人間の意識が向上すれば、必ず世界平和が訪れます。その為には世界の浄化が不可欠であります。

先ずは日本を浄土にすることが、私たちの使命であります。

木　村（２０１６・１１・２２）

「本音」を言う、という事の意味、ストンと腑に落ちました。考えてみれば、私は若い時から「本音」を言うたびに、「変わった奴だ」と白眼視され続けてきたのでした。それでも、それを貫き通して六十歳前半まで生きてきたのですが、そのうちに、反論が煩わしくなり、次第に、胸の奥にしまいこむようになっていました。

ブログを始めた時も、「反論の煩わしさ」を避けるために、「本音」をぼかして差しさわりのないような表現で書いていたのでした。

それが、ここ一年くらい前から、少しずつ変わってきたのです。思い出してみますと、宇宙のエネルギーをいただき、そのパワーが上がるにつれて「本音」を話す機会が多くなってきたように思います。「話す相手が増えてきた」からです。

「世の中が変わってきたのだなあ」との思いを口にしたことも何度もあります。宇宙の意志が、地球の意志が、そうしてくださっているのだと、これは、みじんも疑いなく、信じられるのです。

もう一つの理由は、「熊倉祥元さんという方と巡り会えた」からです。ありがたいことです。

身延山に行ってまいりました

木　村（２０１６・１１・２７）

二十五日、身延山久遠寺へ行き、御廟堂の一隅にセットしてまいりました。

ちょうどお誂えむきに、古い石垣に隙間がありまして、そこに挟み、枯れ枝で奥まで押し込め、外からは絶対に見えないようにセットしました。セット前に、何か所かで写真を写しましたが、その時は境内全体が一億馬力ぐらいでしたが、セット後は、一千兆馬力になっていました。同じ場所で、写真をとってまいりました。準備が出来たら、お送りいたします。

二十六日は、夕方まで時間がありましたので、久しぶりに靖国神社へお参りしましたが、ここには、両方をセットする必要を感じまして、その場所を探しましたら、格好の場所を見つけました。今回は持参してなかったので、次回の上京の時にセットしてまいります。

熊 倉（２０１６・１１・２８）

ご奉仕の程、大変お疲れ様でございました。

今、「縄文式波動問診法」で身延山久遠寺の本堂周辺のエネルギーを調べましたら、「菩薩界」と出ました。木村先生がセットされた後に、「縁覚界」から「菩薩界」へとなりました。

日蓮聖人様もお喜びのことと思います。御廟所地域は、以前と変わらずに、「仏界」になっております。しかしながら、一千兆馬力とは凄いことになりました。

半径８００キロの範囲に効果を及ぼすと「縄文式波動問診法」では出ましたが、如何でしょうか。

それから木村先生からのエネルギーが「仏界」と成っております。

木村先生ご本人は、「菩薩界」ですが、エネルギーの十界は「仏界」で、「即身成仏」も射程範囲に入ってきました。

木 村

またまた、エライコトになりました！　私のエネルギーが「仏界」とは！

このいただいたパワーを、宇宙の調和を保つため、地球のレベルを上げるために、さらに発揮して行きたいと思います。ありがたいことです。素直に、受け止めさせていただきます。

それにしましても、一千兆馬力の及ぼす範囲が８００ｋｍ四方とは、初めて知りました。

今まで、調べていませんでしたので。確かに、その通りですね。このことを知って、今後の「セットの方法」が、楽になりました。結界の範囲が、いきなり広くなりましたので。

ありがとうございます。

日蓮上人様がお喜びになられているとは、これまた、ありがたいことです。

靖国神社への「セット」

木　村（２０１６・１２・５）

今朝早く、東京に向かい、靖国神社に直行し、先日、目当てにしていたところに、ペアで設置してまいりました。驚くべき変化でした。

「今まで気が付かないで、ごめんなさい」と、英霊をはじめ、あまたの先人たちの御霊にお詫びして、設置いたしました。そして、すぐに新幹線で帰途につきました。

熊　倉（2016・12・5）

靖国神社へのご奉仕、ご苦労様でございます。私は知らなかったのですが、今、確かめてみますと、靖国神社のエネルギーは今まで、「修羅界」でしたが、木村先生が設置後は「縁覚界」になっております。以前の靖国神社の霊位は「修羅界」で、苦しまれておられた霊位が、今は「縁覚界」で安堵されておられることと思います。

身延山のご奉仕の後は、東京のエネルギーも上がってきており、「声聞界」に達しております。日本全体のエネルギーも上昇しております。

木　村（2016・12・5）

靖国神社は「修羅界」であったのですね。そこから上昇していることを確認していただきまして、ありがとうございます。私なりの馬力数で表しますと、第一鳥居付近が、10万馬力から10億馬力に、第二鳥居付近が、1千万馬力から1兆馬力に、本殿は、1億馬力から1千兆馬力に、それぞれ、上がりました。特筆すべきは、遊就館の本館が、マイナス1千万馬力であったのが、プラスの1千万馬力に、遊就館の左の建物が、マイナス100万馬力であったのが、プラスの100万馬力に、それぞれアップしたことです。

「宇宙エネルギー戴パワー」は、時間と共にそのパワーが積算されて行きますので、月日が経つにつれて、もっと高まってゆくと思います。時々、「縄文式波動問診法」でお伺いをしてみてください。よろしくお願いいたします。

熊倉さんの教え

熊　倉（2016・12・7）

木村先生にお会いしてから、既に一年が過ぎました。再びお会いしてお話したいことは山ほどあるのですが、これもカンナガラで、今は勉強の時期と思っております。

今までの色々とご教示頂き、それを頼りに勉強させて頂いております。感謝申し上げます。

いつも突拍子なことを申し上げておりますが、ご参考にして頂ければ幸甚に存じます。

私が考えるには、エネルギーには質と量が含まれています。質は十界に選別され、善と悪の領域が明確化できます。量はエネルギーの大小、馬力で計量することになります。

曼荼羅御本尊は質的には最高位のものですが、影響は限られた範囲となります。質的とは「蘇生変毒」、「能開開会」、「具足円満」です。

木村先生が制作されているプレートを含む浄化製品は、十界から判断しますと「声聞界」ですが、四聖界で浄化されています。「声聞界」と「縁覚界」は、悪に染まることがありえますが、浄化製品はエネルギーを伝達する範囲を広げる機能（エネルギー拡張）に長けていると考えます。

私は法則的（エネルギー拡張）に何故そうなるのかは、未だ理解できていません。「声聞界」という意味は決して劣っていると言うことでは無く、それぞれに含まれている「法則」の違いであります。

私が調べた結果、身延山の日蓮聖人御廟所のエネルギーの影響範囲が、木村先生がプレートを設置する以前は、半径50メートルであったのが、設置後には、半径800キロまで拡張されました。今までは御廟所周辺でしか得られなかった仏界のエネルギーが、広範囲になったことは素晴らしいことです。到底一般の人々には、考えもつかないことと思います。

プレートだけを設置して頂いたのは、御廟所のエネルギーは曼荼羅御本尊の核「仏界のエネルギー」が既に存在していたからです。しかし、広範囲に成ったからと言っても、全てが仏界のエネルギーになるのではありません。もちろん浄化によって各地域のレベルを上げますが。それぞれの影響範囲の霊界は、仏界のエネルギーまで上がると信じております。

私は、この様なことが現実に起こることに驚きに耐えません。これも「縄文式波動問診法」によって確認できることが悦びでございます。木村先生の製作技術と曼荼羅御本尊との合成が、人間の叡智を越えた領域に入って来ました。

木村先生は「宇宙の意志から戴きもの」とおっしゃるでしょう。これからの地球全体の浄化が明確に成りました。

木　村

素晴らしいお教えに感謝、感動しています。なるほど、そういう事なのですね。

確かに、御廟所のあたりを「縄文式波動問診法」でお伺いしましたら、「日蓮聖人様」のお札は「必要ない」とのお達しでした。対して、靖国神社は「ペアで」とのお達しでした。

私は、今回のお教えの内容は知る由もなく、ただ、無心で「縄文式波動問診法」に頼っての行動でした。

靖国神社の「十界」のレベル、上昇

熊　倉（2016・12・9）
ご報告です。靖国神社のエネルギーが「菩薩界」になりました。
それに伴って、東京のエネルギーが「縁覚界」へ上昇致しました。二～三か月前は、東京は「人間界」でしたが、身延山の設置後は「声聞界」になり、靖国神社の設置後は、東京は「縁覚界」です。

毛越寺のエネルギーの上昇

木　村（2016・12・25）
昨日の日曜日、東北自動車道を走って、岩手県平泉町の毛越寺へ行ってまいりました。数日前に知人が来社した折に、中尊寺辺りへ行った時にすごい邪気を感じたという話をしていまして、その際にひらめいたのです。藤原三代の、まさに兵どもが夢の跡、の場所へ行って「ペア」を収めてまいりました。あちこち場所を探していましたら、やはりカンナガラでちょうど良い場所が見つかりまして……。広大な敷地が、スッキリしました。

そこまで行く途中、東北自動車道の七か所のパーキングエリアに、△小を設置しました。

あらかじめ「縄文式波動問診法」で、場所を特定しての行動でした。これもまた、ちょうど良い場所が与えられて。なにせ、人目を避けて、密かに、という事が基本ですので、場所探しの際にも挙動不審に思われないように気を配りながらの行動でしたが、こういう時に、今まで培ってきた「悪知恵」がモノを言います！　こういう事がまた、楽しいのです！

熊　倉（２０１６・１２・２７）

浄化のご奉仕、お疲れ様でございます。毛越寺の今のエネルギーは「縁覚界」になっております。浄化以前は「人間界」でした。平泉町全体のエネルギーは「畜生界」から「修羅界」へ上がりましたが、これからも上がるかどうか観察致します。

「法華経」でも述べられておりますが、今の末法時代は、世の中が乱れる時代ですが、僧侶も「悪僧」「悪師僧」がはびこる時代です。

お寺があるからと言っても、そこは清らかな場所とは限らないのが末法時代です。

涅槃経の「法四依」から、「法に依って人に依らざれ」「義に依って語に依らざれ」「智に依って識に依らざれ」「了義経に依って不了義経に依らざれ」何を根拠として物事を信じるかを知らなければ、大きな間違いを起こすことになります。

木 村（2016・12・27）

ご指導、ありがとうございます。毛越寺までは行きましたが、中尊寺には敢えて立ち寄りませんでした。ここも、必要だったのかもしれませんね。

地震被害の軽減

熊 倉（2016・12・29）

昨夜、茨城県で大きな地震が有りましたが、こちらから見る限り、大きな被害が無かったようです。幸いです。これは先月、木村先生が福島に設置した効果が被害を防いだと信じます。こちらでは、多くの人々が大きな規模の地震の割りには被害が少ないことに驚いています。木村先生の今までの多くのご奉仕の結果、現証であります。これからのご活躍をお祈り申し上げます。

木　村（２０１６・１２・２９）

茨城の地震は、今朝、会社に出てネットを開いて初めて知りました。それっきり、今回の地震の事は頭から離れていたのですが、今の熊倉さんからのメールで、「へえー、そうだったのかなあ」という印象です。

震度６と言えば、大規模地震ですが、その後の調べで、被害が出たところはもちろんありますが、全体的に見れば、地震の規模の割りには、確かに少なかったようです。「縄文式波動問診法」で調べてみましたら、ナルホド、そういう事だったのかと、得心しています。

関東地方には、近々、そのことを目的で行かねばならぬなあと、思っておりました。

先日、東北自動車道のパーキングエリヤを活用する方法を会得したので、関東地方の地図を開いて、拠点を調べたりしているところでした。「効果」があることを教えられたのですから、「行かずばなるまい」と、改めて思ったことでした。

新しき年明け

熊　倉（２０１７・１・３・）

新年明けましておめでとうございます。旧年中は色々とご教示頂き、感謝申し上げます。

本年も宜しくお願い申し上げます。

ニューヨークの年明けは、快晴に恵まれて、素晴らしい初日の出を、ニューヨーク郊外の知人宅で拝むことが出来ました。激動の時代に成って来ておりますが、初日の出の様な素晴らしい年に成ることを願っております。

木　村（2017・1・3）

新年のご挨拶、畏れ入ります。私の方こそ、本年もよろしくお願い申し上げます。暮れに、岡山県倉敷市の友人（医師）から二冊の本が送られてまいりまして、私のやらねばならないことが、また決まりました。

世のため、人のため、地球のレベルを上げるため、宇宙の調和を保つため、に。そして、迫りくる諸々の事態を最小限に食い止めるために。直接動いてから、詳しいご報告をいたします。

「去年今年　貫く棒のごときもの」高浜虚子の心境で、ここ数日の年末年始を過ごしました。

「仏界」のレベルに！

熊　倉（2017・1・7）

おめでとうございます。

昨日、「縄文式波動問診法」で木村先生のエネルギーの十界をお尋ねしましたところ、「仏界」となっておりました。そして「仏界のエネルギー」の割合が１００％でした。この意味は、「即身成仏」ということです。身体のエネルギーは「仏界」ですが、人間が成り得る限界は「菩薩」までです。木村先生が「即身成仏」となられたのは、昨年１２月末となっております。何か変化が現れたのでしょうか。「即身成仏」になる過程では、木村先生からご教示頂いた「縄文式波動問診法」と「プレート」が欠かせないものであります。読経と勉学だけの人間の努力だけでは、達成できないと信じております。

浄化エネルギーと不惜身命のお題目（仏界のエネルギー）に依って、「即身成仏」は人種等含めて差別なく誰でも「即身成仏」は出来ると信じております。

今年になってから、お寺の信者（アメリカ人）さんが「即身成仏」され、何人もの信者さんから、仏界のエネルギーを確認できるに至っています。エネルギーが及ぼす影響に改めて驚いております。

以上が今年初めのご報告でございます。

木村

今までも何度か、熊倉さんからのメールの内容に驚かされてまいりましたが、今朝は、意外とフーンという感じで、心素直に受け止められました。

不思議と言えば不思議ですが、心の底には「今までも、これからも、天の将棋の駒の一つとして動くだけなんだからなあ」という、静かな想いがあるからかもしれません。

今朝も起きがけに、幾つもの「新しいレシピ」をいただいていました。

それらの新しい技術を実行に移し、効果が出た時に、また、新しい使命をいただくのだと思っています。一月中に、動き回ります。

せっかくいただけたエネルギーを使わないことには、それこそ、宝の持ち腐れ、ですから。

木　村（2017・1・18）

懸案の東京都内を回りました。さすがに東京都内はレンタカーでは大儀だなあと思い、都内在住の友人にお願いしまして、午後いっぱいかけて、東京の端から端まで、あらかじめ決めておいた場所を走り回ってくれました。まだ、一か所残りましたが、これは、別の友人が翌日にセットしてくれました。

東京を運転してくれた友人は「今日は、珍しく道路がすいていて、はかどります」と言っていましたが、ここにも「宇宙の意志」のお手配があったものと確信しながら走り回りました。行き先々で、「おあつらえむき」の場所が与えられるのも，今まで通りの僥倖でした。

熊　倉（2017・1・19）

順調なご様子で、何よりでございます。木村先生の浄化活動によって、東京のエネルギーが仏界になっております。もちろん、場所や建物など人々を含めて、部分的にはエネルギーの違いはありますが、東京を含めて日本のエネルギーの質が上昇しています。

世界全体、地球内のエネルギーの質が上昇しております。これらの浄化エネルギーが人々に安らぎをもたらしてくれることを切に願うばかりです。

木　村

東京のエネルギーが「仏界」とは、畏れ入りました。やって来た甲斐がありました。

熊　倉（2017・2・7）

本日、小包を拝受いたしました。同封されていた書面を拝見いたしました。プレートに関しては了解いたしました。その他の書面の内容につきましては、直接お会いした時にお話を伺いたいと思います。

最近、私が何故にアメリカに来て、ニューヨークの金融街に今まで住んでいたのかという理由が、ほぼわかりました。その答えが今月中には判明することを期待しています。

木　村（2017・2・11）

大阪・山口・岡山と回って、100パーセント以上の成果を上げて、昨日遅く帰ってまいりました。大阪から友人の社長さんの車で山陰道を山口県防府市まで走っていただき、その道中、6カ所に設置してまいりました。

岡山県倉敷市では、友人であるお医者さんとの再会で、心置きなくおしゃべりし、共感し合い、今後も「この道」を粛々と邁進することを確認し合いました。熊倉さんの事も当然話題にし「仲間意識」を共有してまいりました。
今月の16日と17日は、今まで知りえた情報で「一番必要な場所」と思われるところにスペシャルセットのために出かけます。進むだけです、この道を。

熊　倉（2017・2・13）

超ご多忙のご様子で、100パーセント以上の御成果とは、すごいことになっておりますね。順調に事が運んでおられて、喜ばしく存じます。
凄い勢いで、よい人脈を構築されて、木村先生の世界が大きく変わってきているのが、こちらにもはっきりとわかります。木村先生との再会が、またまた、とても楽しみになってまいりました。

熊　倉（2017・2・25）

「縄文環境開発」のホームページを久しぶりに訪れましたら、「透明感」と「奥行きの深み」を感じました。前回拝見した時から「お客様の声」も加わって、素晴らしい出来と思いました。ホームページは「縄文式波動問診法」で「菩薩界」と出ました。

木　村

弊社のホームページの格が上がったとのこと、うれしい限りです。最近、「トピックス」という欄も設けてくれていまして、その欄には「人間界」レベルの「商品の宣伝」を意識して書き綴っていくつもりです。

木　村（2017・3・6）

ご連絡遅れましたが、2日・3日・4日と2泊3日の旅程で、九州福岡県と大分県を回りました。北九州空港に病み上がりの友人が迎えに来てくれまして、その友人の運転で1日目は回ってくれました。

今回は、浄化場所は全く事前に特定することなく、友人の健康状態を確認することと、再起のために「株式会社縄文環境開発・北九州支店長」の肩書で体を動かしたいという事で、その名刺を作り、届けることを第一目的としての旅でした。

ところが、北九州空港を出発して「さて、どこへ行こうか。とりあえず、関門トンネル方面へ行ってみようか」という事で走ってもらったら、目的地付近に差し掛かった時に左手に「淡島神社入り口」という看板があり、急遽左折して向かったところ、絶好の場所でした。

「さて次は」と二人でとりとめない会話を楽しんでいるうちに、「玄海灘方面に行ってよ」というと「宗像神社というところがあるよ」とのこと。道を迷いながらもたどり着いたそこは、素晴らしい聖地でした。その夜は、もう一人の友人も駆けつけてきて、なんと、真夜中の2時までも酒と話で盛り上がったのでした。

2日目は私が運転して大分県に向かいました。走っていると友人が「宇佐神宮というところがあるけどね」とポツリ。瞬間、そこだ！　との天啓があり、向かいました。

ここには「ペア」で納めた方が良いとの直感があり、また、ちょうど良い場所も与えられ、そうしました。伊勢神宮よりも広いのではないかと思われるほどの広大な境内で、素晴らしい場所でした。

一連の、「無計画の計画」を終えて帰途に就いたとき、その途中で全国あちこちから携帯に連絡が入り、たくさんの新しい仕事の道が開けたのです。

「ああ、また、宇宙の意志からご褒美をもらったぞぉ。ありがたいなあ」と、心素直に喜んだことでした。

熊　倉（2017・3・25）

お尋ねしたいことがあります。最近「縄文式波動問診法」で、私、熊倉祥元の「十界」をお尋ねしましたら「仏界」となるのです。今まで仏教を勉強していまして、肉体をもった人間は「菩薩界」が最高と思っておりましたが、法華経の「方便品第二」の「唯物与仏」と「寿量品第十六」の「毎時作是念、以何令衆生、得入無上道、速成就仏身」の解釈から、私は仏の身体（エネルギー）を得ることが出来ると確信しました。

木村先生に「縄文式波動問診法」で、熊倉祥元の「十界」を確認していただきたく、お願い申し上げます。これによって法華経の「神力品二十一」までの教えが実証されることになります。いつも突飛なことばかりで申し訳ありませんが、よろしくお願いいたします。

木村

私には仏教の奥義など何もわかりませんが、確かに熊倉さんは「仏界」になられてますね。おめでとうございます。

今までやられてきたことが、日蓮聖人様はじめ、たくさんの方々がお認め下さったからだと、私は単純に思います。ますます、やらねばならぬことが、はっきりしてまいりましたね。

もっとも、今まで通りの道を歩むだけですので、格別の意気込みも必要ないでしょうが……。

いずれにしましても、おめでとうございます。

熊倉

早速調べていただきまして、感謝申し上げます。

今回に限らず、色々な問題に直面している時に、木村先生からのメールから至極の幸せを頂戴しております。心より感謝申し上げます。

最近、日系三世ハーフの十九歳の学生さんがお寺に来られております。彼はニューメキシコ州サンタフェ生まれで、アメリカ・インディアンと接して育ってきました。彼は水晶で作ったペンデュラム（クオーツ）を作ります。それで知ったのですが、このペンデュラムをかざしますと電磁波等の悪影響を及ぼすものには逆時計方向に回転します。浄化されたものには時計方向に回転するのです。携帯電話の上では逆時計方向に回転して、そこに木村先生のプレートを置くと時計方向に変わりました。

この作用によって私が発見したことは、携帯電話の上に木村先生のプレートを置かず、私が携帯電話とペンデュラムへ意識を集中すると、時計方向に変わりました。意識が浄化作用をした、という事です。それで、「縄文式波動問診法」でお尋ねすると「仏界」と出ました。信徒さんが発見したのですが「南無妙法蓮華経」と唱えると、同じように時計回りに変わりました。「南無阿弥陀仏」では、変化がありませんでした。

言葉にエネルギーがあるという事が改めて実証されました。お題目にエネルギーがあるという事です。今までの体験で、法華経と日蓮聖人の御遺文も実証することが出来ています。

木村先生から承認いただき、至極の幸せでございます。これから世界平和のために精進していきます。

熊　倉（2017・3・26）

昨日のペンデュラムの時計方向回りについて、追加の説明です。資料を添付いたします。

木村先生の「宇宙エネルギー戴パワー」は，エネルギーを拡散する働きがあることはわかっていたのですが、理論的に説明できませんでした。トレードマークの渦巻きが時計回りであるとすれば、エネルギーは外に向けて出るわけであります。お題目、般若心経にもエネルギーがあるのですが、そのエネルギーが影響する範囲は限られています。この渦巻きがそのエネルギーを拡散してくれていると考えます。

全てが宇宙エネルギーの法則で働いているという事です。個々のエネルギーは、そのエネルギーの法則を備えていて、物質を通してエネルギーと法則は実像化されます。

私は以上のように考えます。

木　村

先日のメールで「南無妙法蓮華経」のお題目が、邪気や電磁波等のマイナス波動を浄化してくれるというのであれば、今後は「祥元プレート＝日蓮聖人様プレート」を、出し惜しみしないで、あちこちに設置しようと思っていた矢先に、今朝のお教えでした。

添付の資料も開いてみましたが、高校時代の最も不得意だった物理の授業が思い出され、やっぱり、途中で読むのをやめてしまいました。

物理化学が苦手な私に「宇宙エネルギー戴パワー」が授かったのは、私は頭で理解しようとしないで(理解できないからですが)直感だけで生きてきたからだろうかなあと、ふと思ったことでした。

２８日から東京三日間の出張なのですが、３０日には千葉県の成田山新勝寺へ「ペア」で納めてこようと思っていたところです。新勝寺は３０代の頃に真冬に一週間、断食水行の修業をしたところです。(今度の本には、このことも載せることにしました。)

実は千葉県一帯を回ろうと例によって地図を広げて場所を探していたのですが、ふと「成田山新勝寺にペアで納めれば、他の場所はいらないのではないか」との思いが湧いて「縄文式波動問診法」で調べたら、まさしくその通りでした。

「ペアのお札《ふだ》」の御利益を、もっともっとたくさんの場に広めたいと思います。もちろん、これは密かに自分一人での行動として。「ペア」の片方をたくさん作って、祥元さんにお送りいたします。御地での浄化活動の大展開のために。

熊　倉

ありがとうございます。

私が最近分かった事は、エネルギーには「真理」と「法則」が含まれているという事。そのエネルギーが物質（人間を含む）を媒体として行動を起こすのだという事。

究極の真理とは、全ての行動はエネルギーにあった行動しか起こさないという事です。

方程式は人間の頭で考えた理論であるために、何通りもの理論が構築されます。だから、仏教でいう仏（真理）の教えは八万四千の教え（経典）があるわけです。しかし、理論からは究極の真理を悟ることはできません。

唯一の宇宙の真理は、究極の「真理」と「法則」のエネルギーを体得した時に悟るしか方法はありません。それが「直感」です。それこそが仏教でいう「仏の三身（法身、報身、応身）」です。

「開経偈」の「能詮は報身、所詮は法身、色相の文字は則ち是れ応身なり」

この三身の統合は「寿量品第十六」の「毎時作是念、如何令衆生、得入無上道、速成就仏身」なのです。

このことが分かった時から「縄文式波動問診法」でお尋ねしますと「仏界」となりました。ですので、木村先生も「仏界」になられます。おめでとうございます。

出版の遅れに意味があった

この本の「第二部」として、熊倉祥元さんとの往復メールをまとめ、3月26日付のところで終止符を打ち、他の原稿もあらかた出来上がっていましたので、出版に向けて高木書房の斎藤社長さんに一緒に送ったのでした。

ところが、その頃から斎藤さんは、6月9日の「高木書房創立50周年記念パーティ」の準備に加えて、三人の方の出版作業が同時進行で佳境に入り、日夜、大奮闘の日々が始まっていたのでした。そのうちの一冊は、私が依頼した青森県板柳町の町長をしていた高校時代の同級生・舘岡一郎氏の『日本一のりんごの里作り』という本で、私もその連絡係として深くかかわることになったのです。さらには、斎藤さんご自身が「作家」として書き進めていた本の主人公の長原和宣さんというお方との最初の出会いに私もかかわっていたという事で、これまた、斎藤さんから度々ご相談を受けることになったのです。

その過程で、私の当初の出版予定日を大きく遅らせることになったのです。

「出版が遅れるという事は、必ず何らかの意味があるのだろう」と斎藤さんと二人で納得して、それぞれ目の前の様々な仕事に没頭していたのでした。

そんな日々が二か月ほど過ぎて、斎藤さんのお仕事が、一気に一段落ついたと二人で喜んでいた時に、熊倉さんから久しぶりにメールが入りました。私の三か月ぶりのメール通信へのご返事でした。

もちろん、この二～三か月の間も熊倉さんとのメールのやり取りは続いていたのですが、本書に取り上げるほどの内容ではありませんでした。ところが、５月２２日に届いたメールは、驚くべきものでした。

「そうか。この内容を今度の本に含ませるために、宇宙の意志は、私の本の出版日を遅らせていたのか」と、斎藤さんと二人で大いに納得し合ったのでした。

そのメールを転載します。

師匠から破門される

熊倉（２０１７年５月２２日）

大変ご無沙汰しており、申し訳ございません。

この度も、メール通信を送って頂き、感謝申し上げます。メール通信を拝受する度に、木村先生のご活躍を拝見して、木村先生のパワーを拝受しております。

本日、お寺の信者さんで弁護士の方から、ニューヨーク州に於いて、新規宗教法人が認可されたことのメールを頂きました。

新法人名は〝NEW YORK NICHIREN BUDDHIST TEMPLE〟と成りました。

次は、IRS（日本の国税庁に相当します）から宗教法人の免税枠の申請に移ります。今年中には認可が下りると思います。既に、法人格を取得しているので、銀行口座を初めとして、全ての業務を新規法人へ移行していきます。

ところで、木村先生へ、未だお伝えしていなかったのですが、昨年の八月末に、私は師匠から破門を通告されて、同年十一月には日蓮宗から僧籍の除籍扱いとなりました。

日蓮宗の宗制では、離弟届けから三ヶ月以内に新しい師匠を決めて、移籍手続きをしない場合は、除籍扱いとなります。しかし、懲戒免職処分ではありませんので、日蓮宗僧侶の師匠を見つければ、日蓮宗の僧侶として復帰することは出来ます。

私が僧侶として、これからも世の中にお役に立てるのかと自問自答の一年でありましたが、結果が出たと確信しております。

今からの計画から考えて、日蓮宗に僧籍を戻すことになるとは思いますが、現在は未定です。米国ニューヨークで、僧侶として布教活動は現在出来ますので、「時」を待ちたいと思います。

私は運転手の仕事も辞めて、布教活動だけで過ごしてきました。

奇跡か不可思議にも今だに続いており、無償で請け負って頂いた信者さんのお陰で宗教法人の設立にこぎつけました。

これも木村先生を始めとして、多くの方々のご支援、ご厚情のお陰でございます。

木村先生にお会いした時に、「縄文式波動問診法」で、私の師匠をお尋ねしましたら、指が開きました。その時に木村先生は、「師匠は初めて会った時から今は変わった。」と言われました。実は、その四ヶ月前に師匠のお寺に行った時に、「このお寺には二度と戻らない」と直感していました。そして約一年後に、電話で破門を通告されました。

「宇宙エネルギー戴パワー」と「縄文式波動問診法」を基本に、「法華経」と「日蓮聖人ご遺文」を再度勉強致しました。その結果、「法華経」は読んでも解らない難解の御経と言われているのですが、全てが繋がりました。

全ての物質的活動は、宇宙のエネルギーによって、そのエネルギーの質量に応じて順次で起こる。人間は、性格、性別、人種、地位、名誉に関係するのではなく、その本人の宇宙エネルギーの質量に応じて順次で行動する。その人の意志が行動を決めているのでは無い。

一般の人は、己れ又は他人のエネルギー質量を測ることは出来ない。特に物質的に頼れば頼るほど、その特定能力は低下すると思います。

人間の世界は物質的文明により便利になりましたが、「宇宙エネルギー戴パワー」が減少しています。

それを仏教では「末法時代」と呼んでいます。

この事を、日系アメリカ人で十九歳のタカシ君に話しましたら、仏教の知識がない彼が、「法華経」の英訳書を読んで、よく意味が解ると言っていました。

宇宙のエネルギーを、基盤に置いて読むと、「法華経」のストーリーが明確になって来るのです。

このことは、仏教界では天と地がひっくり返ることになります。

宇宙エネルギーについて公言すればする程に、反発を受けることになります。それが、「法華経」と「日蓮聖人ご遺文」で言われていることです。


理論、思想をいかに追求しても、真理を得ることは出来ません。

宇宙エネルギーに「真理」と「法則」が含まれていて、そのエネルギーは、物質を通して現象化します。

宇宙エネルギーを授かって、行動した人しか、その真理を証明することは出来ません。

それプラス、「時」が重要です。「時」を待つことも大切です。

今、その「時」は訪れていると、確信しております。

ありがとうございます。

合掌

第三部　過去の『実践記録』から、今、わかったこと

粗末な小屋でも、柱は四本必要だ

私は二十年ほど前、『なぜ学校は今も荒れ続けるのか』（致知出版刊　１９９７年）という本に、「四本の柱で家が立つ」という文章を書いたことがあります。ある講演会での内容を収録したものですが、その部分をまずは引用して、その後に現在の考えを述べてみたいと思います。

「文武両道」という言葉について私の考えを述べさせていただきます。私は、ずっと以前から、文武両道では足りないといい続けてきているんです。特に、中学時代は。

文と武が完璧に出来上がったとしても、二本の柱が立つだけでしょう。みなさん、二本の柱だけで家を建てられますか。鶏小屋でも建てられますか。三本柱でも変形の小屋しか建てられないんですよ。四本あれば、私のようなかなりいい加減な男でも、素人大工で何とか鶏小屋くらいは建てられます。

私は少なくとも中学生時代には四本の柱が必要だと思っているんです。その四本の柱は、全部が同じ長さでなくてもいいんです。多少の凸凹があってもいいんです。高い低いがあっても、簡単な掘っ立て小屋くらいは建てられるでしょう。

では、あとの二本は何かと言えば、三**本目は「遊び」**です。自由な遊びの時間があまりにも不足していますね、今の子供たちには。そして、**四本目は「家の手伝い」**です。

今は農家の人たちでも、忙しくて、それこそ猫の手も借りたいときにでも、「いいから、いいから、お前は勉強しろ。塾に行け。部活をさぼるな」でしょう。

こういう風潮になってから、もうかれこれ二十年以上になりますよね。

これじゃあ、幾ら健全な心身を両親からもらってこの世に生を受けても、いつの間にかおかしくなってしまうのも当然じゃないですか。

我が子が根性なしだと嘆く前に、このような背景を自覚してほしいんですよ。

つい先日の新聞に、日本人の体力がガタ落ちになっていると出ていましたよね。こんなにもスポーツが花盛りなのに、なぜ、体力が落ちるのでしょうと疑問を投げかけていますが、当たり前じゃないですか。

ある種目をやる子供たちに対して、それ以外のスポーツを禁じている顧問やコーチが珍しくないのですよね。むしろ、日本のスポーツ界は、それを当然のこととしているんじゃないですか。下は小学生から、上はオリンピック候補選手に至るまで。

二十年前に私が危惧していた事態は、ますますエスカレートしてきています。

昨今は「文武両道」という言葉さえ、さっぱり聞かれなくなってしまいました。それどころか、スポーツ一辺倒で「スポーツ礼賛」の対象はますます低年齢化してきています。

義務教育の中学生が、学校の日程を無視して平日に県外へ出掛けたり、国外にまで試合に出かけたりすることも、いつの間にか当たり前になってしまっています。

私は教職現役時代の若いころから、しばしば『スポーツ神話を斬る』と題して、本に書いたり、講演の題材にしてまいりました。

「スポーツは素晴らしい。私も大好きだ。大いにやるべきだ。しかし、それは、楽しむスポーツでありたい。そんな中から、突出した技能を持つ者はその道を進めばいいのである。

また、他校に勝つことだけを第一目的にしているような、義務教育の小中学校においての、過度の部活動の現状は、百害あって一利なしだ」

スポーツ礼賛一色の教育現場や社会風潮の中にあって、私は異端児みたいな論法を繰り返してきたのですが、当然のように無視されてまいりました。

昨今、若者の経済貧困現象が社会問題化されてきているようですが、十代・二十代・三十代の若者たちが「スポーツにかける年間金額」を計算してみたら、おそらく唖然とするような膨大な数字が出てくるのではないかと、私は思っているのです。この場合の「スポーツにかける」という中身には、選手としての道具類やユニホームにかける金額はもちろん入りますが、それ以上に問題視しているのは、「スポーツを見に行く」ための金額や「スポーツファン」として関連商品を購入する金額も入ります。

『芸能とクイズとスポーツを蔓延させれば、その国民は正当に判断する能力を失う』という言葉を知ったのは、確か三十歳代の事と思っていますが、どういう組織のどういう人が言った言葉なのかは、今となっては忘れてしまっていますが、私の脳裏には現在まで数十年間もこびりついている言葉なのです。今の日本、いや、アメリカも含めて世界中の人間の行動は、まさにこの「悪魔の言葉」が的中しているではありませんか。

そして、もう一つ私が強調したいのは、「スポーツ関連にかける時間」の膨大さです。

プロ野球ひとつを見ても、どこの球場でも毎回数万人単位の人々が真夜中まで球場にくぎ付けになり、試合後に帰宅して、いったい何時にたどり着くのでしょう。

食事や睡眠の中身までも気になっています。

私は平成16年（2004）に出版した『日本再生への道』（五曜書房刊）にも、次のように書いていました。


ある青年が暴走行為をして新聞に出ました、識者のコメントが奮っています。

「彼は甲子園に出場したほどのスポーツマンなのに信じられない。きっと魔が差したのだろう。そうとしか思えない」

甲子園に出場するほどの選手ならば、小学校時代から野球に没頭して、中学生ともなれば朝から晩まで、野球漬けの生活だったことでしょう。

中学高校と、丸六年間野球漬けの生活に終始し、それを本人も家族も周囲の人々も不思議とも思わず、むしろ美談としてとらえる風潮が出来上がっていますよね。その間、人生を学ぶに不可欠な、古今東西の文学や芸術に親しむなどという時間は、とうてい取れるはずもありません。そして、恐ろしいのは、このような例は何も野球少年に限った事だけではないという事です。

プロスポーツの選手を目指す青少年ならいざ知らず、普通の中高校生までもが、プロを目指すような練習に明け暮れていれば、そのスポーツがやれなくなった時、いきなり生きる目的を失ってしまう可能性はかなり高いことでしょう。

一度でも英雄視された少年は、その栄光が忘れられず、過去の幻影に現実を誤るというケースもずいぶんと増えています。小学生の時期にスポーツで脚光を浴びた生徒ほど、中学生になって崩れているという現実があるのです。私は中学校の生徒指導専任教諭として、いやというほどそういう子供たちに接してきたのです。

そろそろ「スポーツ神話」を考え直さないと、わが国はとんでもない国民ばかりになってしまうのではないかと危惧するのは、私の杞憂でしょうか。

私は、1980（昭和55）年頃に『日本人に謝りたい』という本を読んで衝撃を受けたことがあります。この本の副題に「あるユダヤ人の懺悔」とあるように、先の大戦で日本を打ち負かした側の人間が書かれた本です。作者はモルデカイ・モーゼというお名前です。

「我々は日本を完膚なきまでに叩き潰したが、しかし、どうも日本人というのは油断がならない」という思いが募ってきた戦勝国の側が立ち上げた周到な心理作戦です。

題して「人間獣化作戦」というのだそうで、「愛国心の消滅」「悪平等主義」「拝金主義」「自由の過度の追及」「道徳軽視」「義理人情抹殺」「恋愛至上主義」「家族制度破壊」「民族歴史観否定」等々19項目が並んでいます。

これらの作戦を、日本人自身には気づかれないように周到に行われれば、我々は手を出さなくても日本人は自然に自滅してゆくだろうという深謀遠慮の作戦です。

戦後30年そこそこで、この作戦はあまりにも見事に的中し、日本人の魂が崩れゆく様を見て、自戒の念にいたたまれなくなったモルデカイ・モーゼはこの本を書いたというのです。

この作戦の中に「3S政策事なかれ政策」というのがあるのですが、三つのSで始まるスポーツ、セックス、スクリーンを日本中に流行らせれば、日本人はやがて自ら自滅して行くはずだ、というのです。

戦後30年で成果を出したこの作戦は、今、更に40年という時を経て見事なほどに成功しているではありませんか。

スクリーンはテレビに変わり、更にネット動画に姿を変え、日本人の精神を蝕み続けています。セックスを「秘め事」から解放した作戦も、実に見事に花開かせています。

そして、スポーツです。青森県内の地方紙の代表的な新聞の月曜日の紙面は、まるでスポーツ新聞かと見間違うほどに前日の各地の各種試合の記事が満載です。しかもプロのそれだけではなく、高校、中学、小学校の試合結果まで丁寧に載っています。まさしく「スポーツ天国」の感を否めません。これはもちろん、青森県内だけのことではないのです。

各種競技の選手人口の何倍もの、家族の応援や送り迎え、そして、サポートと称する各競技場で熱中する膨大な人の群れ・・・。そして、それに投じられる莫大な費用と貴重な時間。

これらは全て「非生産的」なお金と時間なのです。敢えて極論すれば「娯楽」にかけるお金と時間なのです。「余暇の善用としてのスポーツ」という範疇からは大きくかけ離されてしまっています。もったいないなあ、と思う私のような人間は「変人扱い」されてしまう、今日の我が国のスポーツ礼賛一辺倒の国民感情があります。

どなたか、計算に興味のある方に、日本人がプロスポーツ選手以外で、「スポーツにかけているお金と時間」を計算してみて欲しいと本気で思ったりしています。休日の一日、一か月間、一年間とデータを出していけば、きっと、身の毛もよだつほどの膨大な数字がはじき出されることでしょう。

この辺で、『芸能とクイズとスポーツを蔓延させれば、その国の国民は正当に判断する能力を失う』という、超心理的作戦、悪魔の作戦を、本気になって顧みるべき時だと訴えたいのです。

私は森信三先生の謦咳に永年接して来られた果報者でありながら、その教えの神髄からは程遠い生活をしてきた者ですが、その中で、一つだけ三十代のころから守っていることがあるのです。

ある日、森信三先生は二十代、三十代の全国から集ってきた若い先生方におっしゃいました。

「週刊誌とスポーツ新聞は、たまには読んでもいいけれど、決して定期購読をするような人間にはなるな。」

今、ふと、このことが思い出されました。

四本柱の三本目は「**遊び**」です。ここでいう「遊び」とは、遊園地やレジャー施設での遊びではなく、パーシャル世界のゲーム機による遊びでは、もちろんありません。

幼児期から小学校低学年にかけてのそれは、親の目を離れた自分たち仲間内だけの、いわば「親に知られない冒険」、言ってみれば「危険を伴う要素を含む遊び」のことを言います。

ここで再び『日本再生への道』に書いた文章を転記してみます。

ある中学校へ（生徒指導専任教諭として）転任して間もない頃、ＰＴＡの生活指導部の方々に学区内の危険個所を案内されたことがありました。今は使われていないため池や、深い淵のある川岸などを回ったのですが、そこには例外なしに「危険、あぶない、近寄るな、魚釣りをするな」という看板が、地元の小学校長名で建てられていたのです。

私たちはマイクロバスで回ったのですが、車内では父兄たちの話が弾みます。

年配のお父さんが言います。

「あのため池は昔は本当にきれいだったんだ。子供の頃、よく泳いだもんだよ。魚もいっぱいいて、俺たちが泳いでいると近寄ってきて一緒に泳いだもんだよ」

若いお父さんも負けてはいません。

「さっきの沼では私たちもよく遊んだものですよ。体中泥んこになって、そのままの身体で近くの小川に飛び込んだ。どんなに暑い日でも、唇を紫にして遊んだものですよ。楽しかったなあ」

私はしばらく話を聞いていましたが、急に腹立たしくなって口をはさんだのです。

「さっきからあなた方が案内してくれた所には必ず、ここで遊ぶな、危険だという看板が立っていましたね。そのくせ、自分たちはここで遊んで楽しかったと懐かしがっている。おかしいんじゃないですか。あなた方が楽しかったのなら、あなた方の子供たちだってこういうところで遊べば、楽しいんじゃないのですか」

「いや、我々の頃は水もきれいだったから。今は、ご覧のように汚いから。」

「じゃあ、きれいにしてあげたらいいじゃないですか。子供たちはせっかくこんな田舎に住んでいながら、自然の中で遊ぶ場所がなくて、家の中で毎日テレビゲームばっかりしていたんでは、健全に育てという方が無理なんじゃないですか」

その学校では、こんなこともありました。

スポーツも勉強も不得意で、放課後は何をするともなくブラブラしている生徒たちを誘って、魚釣りに出かけた時の話です。彼らに案内されて行くと、ＰＴＡの連中が「危険・あぶない・近寄るな」と看板を掛けた方へ歩いて行きます。

「こういうところで、釣るのかい」

「いや。ここはセンセイ方に見つかるから、あぶないんだ」

案内されている私は、今の彼らには「センセイ」ではないのでしょう。しばらく木々の間をくぐり、崩れかかった土手に足を滑らせながら進んで行くと、子供たちの声がします。小学生たちでした。

「着いたよ。ここなら、どこからも見えないから、安心だよ」

そこは鬱蒼《うっそう》としていて、危険個所で遊んでいる生徒はいないかと巡回して来るセンセイたちの目からも完全に遮断されている場所でした。見るからに深そうな渕があり、先客が糸を垂れていました。

「おい、深そうだな。落ちると危ないだろう」

思わず声に出すと、いかにも腕白そうな小学生が答えてきました。

「うん。凄く深いよ。ボク、この前落ちた時、首の所まであったもの」

「何、お前落ちたのか。どうした、その時」

「中学生のお兄ちゃんが、助けてくれたよ」

傍で、私を案内してくれた中学生が、いかにもうれしそうに、しかも、たくましい顔つきで笑っています。この生徒はこんなにも輝くような顔をするときもあるのだなあと、妙に感動したことを覚えています。

この時の子供たちは、大人の目から逃れるために「安全」な場所を避けて、より危険な場所に「安心」を求めていたのでした。

この中学校で私は間もなく、学区内の有志の方々に訴えて、一つの会を作ったのでした。『子供時代の遊び場を、子供に返す親父の会』という名称にしたのですが、実質的な活動のないままに自然消滅してしまったことが今にしても悔やまれます。

四本柱の四本目は「家の手伝い」です。

33年間の教員時代に私は9校の公立中学校を経験しましたが、その中で大きな発見をしています。それは、いわゆる僻地校と言われている中学校の生徒は、学力こそ都市部の生徒には劣るものの、精神力を含む人間力というものは、断然に秀でているという事実です。

その理由は、簡単です。僻地校の生徒たちは幼少時代から親の仕事の手伝いをしているのです。それは単に「お手伝い」という域を越えて、否応なしに一家の生活力の一部にまでなっているという事です。

そういう生活環境の中で、子供たちは男も女も実に逞しく育っていたのです。

都市部の中学校でも心身ともに逞しいと感じる生徒は、例外なしに幼少のころからなにがしかの「家の手伝い」をしている生徒たちでした。そういう風に育てた「家風」とでもいう習慣が、知らず知らずのうちに、生きる上に最も必要な「ど性骨」が鍛えられてきたと思っています。

昨今の我が国の若者たちの「ひ弱さ」が時々マスコミを賑わしますが、私の言うところの「四本柱」の幾つかが欠如した少年時代を過ごしてしまったことと無縁ではないと確信しているのです。

どんなに粗末な掘っ立て小屋でも、最低、四本の柱が必要なのだという事を、改めて訴えたいと思います。

「信愛勇」について

私は昭和42年（1967年）、満24歳の時に、青森県の下北地方のむつ市立田名部中学校の国語科の教師になり、2年4組の学級担任を拝命いたしました。そして、その時の学級目標に「信愛勇」の三文字を掲げたのでした。信じる事、愛する事、そして、勇気を持つことを最重点目標と定めたのです。

担任した女生徒の中に書道の有段者がいたので、大きな布に大書してもらい、学級の正面右上方の壁一面に掲げました。運動会の時には、それを学級旗にしつらえて、担任自らが降り回したものでした。そしてこの「学級旗」は、私の転任した全ての学級の『学級目標』として、教室の同じ場所に掲げ続けてきたのでした。

学級担任の時はもちろん、生徒指導専任教諭の時も知的障害学級担任のときも、そして、今の仕事を始めてからも終始一貫して、この三文字に込められた意味を精神のバックボーンとして生活してまいりました。

この名を冠して、卒業生向けの『はがき通信』を発行し続け、途中からは、はがき一枚に書ききれなくなり、8ページほどのガリ版印刷したものを月に1回のペースで500号を越えるまで発行し続けました。そして、何度か自負出版の形で世に出してまいりました。

近年になり「メール通信」の形で発信した時も『メール通信　信愛勇』というタイトルをつけています。

今回、特にこのうちの「勇」に絞って書いてみたいと思います。

一言で「勇気を持つことが必要だ」と言っても様々な勇気があります。多勢に無勢で挑むときには、当然勇気を振り絞ることでしょうし、危機に際してとっさの行動を起こす時も、勇気を奮い起こさなければなりません。

同時に、激流の真っただ中に立ちつくし、唯一頼りの棒杭一本にかろうじてつかまりながら、流れに身をゆだねようという弱い心に打ち勝つのも勇気を必要とするし、ええい、くそ！　と蛮勇をふるって逆巻く流れを遡上しようという激情を必死に抑え、その場に立ちつくし、時の至るのをじっと待つのも、相当の勇気を必要とします。

しかし今は、それらとは全く異質な勇気が必要な時代なんだと、最近つくづく思うのです。

その勇気とは『無視する勇気』です。

仲間外れになってもいいという『孤独に耐える勇気』です。

自分の身は『自分で守るという勇気』です。

マスコミに氾濫する購買意欲をそそられるような巧みな宣伝文句に流されないためには、それ相当の勇気を必要とするのかもしれません。特に、これでもかこれでもかと健康不安を掻き立てて宣伝する、医学界と製薬会社と保険会社の誘惑に打ち克つためには、かなりの勇気を必要とします。

私は教職時代の４０歳代後半から退職するまで、公務員には義務付けられていた健康診断なるものを、一切拒否してまいりましたし、その後、今日に至るまで、それは貫き通しているのです。

「早期発見・早期治療」という意義を全て拒否するものではありませんが、少なくとも私自身は「勇気をもって拒否」し続けてまいりました。それは「自分の身体は自分で守る」という基本姿勢から来ているものです。不死身の身体ではありませんから、体のあちこちに不具合が生じたり、熱を出すことも数年に一度はありましたが、そういう時の対処方法は、二十歳前後の学生時代、東京・三鷹での自炊生活をしていた時に身につけた「野生動物は、こういう時にどうして治しているか。絶食して体を休め、ただただ眠っているしか方法はないのだ」という悟りにも似た気持ちが、今も続いているというわけです。

人様にはお勧めできない人生観ではありますが……。こういう「勇気」は「蛮勇」に属しているという事は百も承知で、たった一度の人生を歩んでいる次第です。

この数十年間、唯一「医者」のお世話になったのは、「歯医者さん」だけでした。そのおかげで、對馬人志先生という「日本一儲けられない歯科医師」と自称する素晴らしいお方と巡り合えたのは、望外の幸せと思っています。

さらには、33年間の教職時代、ただの一度も日教組という亡国の組織に入らなかったために、行く先々の赴任学校でどれだけ多く「敵」を作って来たことか。そういう時には、たえず「一対多数」という構図で戦う勇気を必要としていました。また、30歳代から教育実践記録を世に出し続けてまいりましたので、反対論者からは幾度となく非難中傷を浴びてまいりました。ある時などは、地方のマスコミからも叩かれ、脅されも致しました。

そういう時にいつも私を支えてくれたのは『信愛勇』の三文字であり、なかんずく『勇』の心であったのです。

ところで、最近もまた「学校でのいじめ」が社会問題化しています。事件が明るみに出るたびに現場の教師や教育委員会の、まるで他人事のような問題意識の低い対応が糾弾されています。

元より、私は「いじめ」は、断じて許されることではないとう信念で生きてまいりました。現職時代、転勤していった最初の授業で、担任学級ではもちろん、国語科の授業で触れ合う生徒たちに必ず言った言葉があります。ひと通りの自己紹介の後に付け加えた言葉です。

「俺は宿題をやってこないとかテストの点が悪いとか、たばこを吸った、万引きをしてしまったなどという事では生徒を殴ったことはない。しかし、命に係わるときと、いじめの現場を見つけた時は、物も言わずにぶんなぐるから、よく覚えておけ。俺の腕力は相当強い。ひょっとしてなぐり殺すかもしれない。そうなれば、俺は人殺しだ。人殺しになってでも、この二つの場面では、思いっきりぶんなぐるから、そう思え。今までの学校でも、そうしてきた。幸い、まだ、人殺しにはなっていないけど、相当痛いぞ。よっく、覚えておけよ」

こういう私が、メールで悪口言われて悲観して自殺した、という報道を見る時に思わずつぶやくのは「バカだなあ。読まなきゃいいのに」という言葉なのです。

こういう言葉は、被害者の親御さんたちにとっては聞き捨てならない暴言と受け止められることは、分かっています。だから、面と向かって言ったり、誰かに私見を言ったりすることは致しません。

ところで最近、この「読まなければいいじゃないか」という簡単なことを実行するには、とんでもない大きな勇気を必要とするのだという事に気がついたのです。この勇気は一朝一夕に身につくものではありません。まずは教えられることが大事だったのです。

ところが、戦後70年間、日教組教育によって育てられてきた日本人は、「権利」だけはイヤというほど叩き込まれてきましたが、それと対になっている「義務」という事はほとんど教えられてきていません。ましてや「勇気」などという崇高な理念に至っては……。

戦後間もなく、日教組教育で育った子供がやがて親になり子供を育てました。その子もまた、やがて親になり・・・と、ますます日教組色が色濃くなって来ています。

教師の世界も全く同じパターンです。戦後70年間の「日教組教育」は、「日本人」をものの見事に変質させることに成功しています。特に、学校の成績の良い生徒の中からは、官僚になり地方の役人になっている連中も多数います。

武士道精神をはじめ、日本という国に連綿と継承されてきた「勇の精神」を、戦後、ことごとく「悪」とみなす占領政策の片棒を担がされたのが日教組教育の本質の一つであったのですが、彼らはそれを「正しいこと」として子供たちに教えてきたのです。日本の歴史にキラ星の如く輝く幾多の偉人たちの物語や、外国で賞賛されてきた多くの「本物の日本人」とでもいえる方々の業績はもちろん、その存在さえも教えられることなく、戦前の日本人は全て悪かったのだという自虐史観を小学生時代から叩き込まれては、「勇」の精神がはぐくまれるはずもありません。

「突っ張り達は、それが悪いことと知って、悪いことをする。だから、まだ、かわいい。日教組の奴らは、それが良いことだと信じて悪いことをする。だから、たちが悪い」

私は生徒指導専任教諭時代、全国各地で講演を依頼された時、よくこういうことを話したものでした。

つい先日、東京のあるボランティアグループから講演を頼まれて話している最中に、ハタとわかったことがありました。

私は24歳の新米教師の時から、どこの学校へ行っても、いわゆるツッパリとかヤンキーといわれていた生徒たちと妙にウマが合い、40歳の時に〝超法規的措置〟で、希望も出さず必要な講習など一度も受けたことがないのに、いきなり「生徒指導専任教諭」を任命され、しかも、その後11年間もその任に当たっていられたのは、彼らが、日教組の教師たちの言っていること、やっていることを本能的に嫌っていたから反抗し暴れていたのであって、その部分で、私は彼らと心の波動があっていたのではなかったのか、と。

いじめに立ち向かう勇気、それを克服した幾多の先人たちの物語、そして、弱いものをいじめることの卑劣さを教える「道徳」という教科を、一方的に排除してきた戦後教育の大きなツケが、現代社会に蔓延してしまっているのだと思えるのです。

拒否する勇気、我慢する勇気、命よりも名誉よりも大事な場面で敢然と挑み、実行する勇気。これこそが今、日本再生のために最も求められていることだと思うのです。

恩人

私は今から25年も前に『一沈一珠』（いっちんいっしゅ）という本を地元の津軽書房から出したことがあるのですが、その中から一編をご紹介したいと思います。


中学一年生。身長144センチ。体重37・6キログラム。胸囲70センチ。

中学校三年間、部活動への所属なし。中学校三年間、授業中に挙手したこと、一度もなし。

典型的なネクラ人間。

中学一年二学期の点数。国語55点。社会44点。数学32点。理科32点。英語60点。

これが木村将人という男の中学時代のプロフィールである。

この少年、実は小学一年生の時、すでに計画的登校拒否を試み、何度かは成功している。

運動会では、ヨーイ・ドンで一斉にスタートした中で、うすぼんやりとスタート地点に立ちっぱなし。遊戯の時間は、もちろん立ちん坊。バスに乗れば5分と持たず、ゲェーゲェーとヘドを吐く。

今、この少年と似たような子供を探そうとすれば、かなり骨が折れるだろう。

もう一つ、この少年の「らしさ」を書くとすれば、次の事も欠かすわけにはいかない。

中一の夏、黒石神社の宵宮の夜、当時の黒中生徒との関わり。

「ちょいと来い。お前何年生だ」「オレ、義塾（隣市の私立中学校）へ通ってるんだ」

私が答えた瞬間、「生意気な奴だ」いきなり横っ面を殴られた。

全身の力が抜けて、ヘナヘナとその場にしゃがみこんでしまった。

「なんだ、こいつ。こっちへ来いよー」腕をとられて、恐怖感が頂点に達した。(殺される!)

反射的に、その場の石灯籠に必死でしがみついた。

「チェッ、なんだ、こいつ。」あまりのだらしなさにヘキエキしたか、いやというほど横腹を蹴飛ばして、暴漢たちは立ち去った。

この意気地なしの少年が、私であった。今も、時々、この少年の心がよみがえるのである。


この文章は、先日、学校通信に「私の中学時代」という題を依頼されて書いたものです。これを書きながら、久方ぶりに〝恩人〟と思って感謝し続けている一人の人を思い出しました。それは、この作品に出てくる一人の黒石中学校の生徒のことです。

その人の名前も、その後どういう進路を歩まれて、今何をしておられるのかも、私は全く知らないのです。何しろその人と会ったのは、あの屈辱の夏祭りの夜と、その五年後に一度だけちらっとすれ違っただけなのですから。

それなのに、なぜ私があの時の中学生を〝恩人〟と感じているのかというと、あの当時虚弱だった私の肉体を、ヘラクレスもかくやと思えるほど頑強な逆三角形の見事な肉体に変身させてくれたのは、他ならぬこの人だったからなのです。

あの屈辱の夜、あまりの悔しさで沸き立つ胸の鼓動と涙の気配をぬぐいきるために、やみくもに夜の町中を歩き回りながら、私の心は張り裂けるように高鳴っていました。そして、一つの決意が黒雲のように全身を震わせたのでした。

復讐。あいつを殺してやる。

それも、鉄砲や刀で殺したのでは腹の虫がおさまらぬ、この素手で、殴り殺してやる。凶器に頼らず、このこぶしで！

本気でした。ところが、相手をなぐり殺すには、私の肉体はあまりにも貧弱すぎました。

体を鍛えよう。

生まれて初めて、真剣に強くなりたいという願望が、全身を震わせたのでした。

翌日から私の秘密のトレーニングが始まりました。当時、家には古い土蔵があり、そこが私の一人だけの道場になったのです。蔵の中にゴロゴロ転がっている玉石を持ち上げました。工事現場から鉄骨の切れ端をもらってきては荒縄で束ね、それをワシ掴みにしては、よいしょ、よいしょと持ち上げました。自転車の古チューブをエキスパンダー代わりに、毎日何百回となく引っぱりました。

あらゆる機会をとらえては体を鍛えました。冬の燃料用の巻き割りも、進んで引き受けました。天井裏に作ってもらっていた個室に上がるはしごをはずし、太い梁に手製のロープを吊るして、ターザンのように昇り降りしたのも、プライバシーを守りたいという気持ちより先に、腕っぷしを鍛えたいがためでした。そして、体を鍛えている最中、私の頭の中は絶えず呪文のような言葉が繰り返されていたのです。

「この野郎、今に見ておれ！」「畜生め、覚えていやがれ！」「逃げるんじゃ、ねえぞ！」

悔しさが力になりました。悔しさがバネとなりました。悔しさが巨大なエネルギーを噴出させました。

貧弱だった二の腕に、みるみる筋肉がついていきました。扁平だった胸も盛り上がってきます。月に何度も医者通いしていた身体が、別人のように丈夫になっていきました。

何度も夢を見ました。ものの見事に相手をやっつけては目覚め、なんだ夢だったのかとガッカリすることを繰り返し、そのことがまた、新たな力を生み出して日々の鍛錬に拍車をかけるのでした。

そうして三年が経ちましたが、この間、タダの一度もその男と出会わなかったのは、まさに天佑だったのかもしれません。

私が東奥義塾高校の一年生の五月のある夕方です。出会ったのです。

夢にまで見たあの男が、ホームの向こうから歩いてくるのです。疲れた顔をしていました。学生服ではありませんでしたので、勤めていたのかもしれません。

一歩、二歩、三歩と近づいてきます。その瞬間、私の心に電気が走りました。懐かしさではちきれそうになったのです。私は自分の心の働きに戸惑いました。

やがて、スッとすれ違いました。何事も起こらず、彼は私の存在さえ知らぬげに通り過ぎてゆきました。

それっきり、今に至るまで二度と会う事はありません。あれほど現れていた夢にも、その日以来二度と現れてくることもなくなったのです。あんなに脳裏に焼き付けていたはずの、あの男の顔の記憶も、きれいに消えてしまっています。

けれども、あの日以来三年間鍛えに鍛え上げた私の肉体は、胸囲130センチという形となって残り、その後30年近くも世の荒波に耐えてくれているのですから、誰が何と言っても、あの夜の、あの中学生は私の恩人なのです。

「いじめ」の問題は、近年マスコミでも大きく扱うようになり、いわゆる、教育評論家とか識者と言われている方々が、したり顔で持論を展開していますが、一向に減る気配を見せていません。減るどころか、その被害にあった側の「自死」に至る報道はますます多くなっているようにも見受けられます。

今日の社会構造そのものが、いじめを排出する構図になっているのではないかと指摘する御仁もおられます。私も、どちらかと言えば「どんなに世の中進歩しても、今のままの社会構造では、いじめは決してなくならない」という考えに傾いています。そして、いじめ問題を取り上げるなら、一度、思い切って「いじめ問題は人類社会にあって、未来永劫、根絶不可能な現象なのだ」と腹をくくることが必要だとも思うのです。

私は、この項に「被害者の立場」としての経緯を書きましたが、あの当時、中学一年生のひ弱な少年を「いじめ」た中学生は、おそらくは「これはいじめの行為なんだ」という事は微塵も思うことなく、日常の些細な行動の一コマとしての行動であり、翌日からは私の存在などは全く眼中から消えていたと思うのです。

この例のように、いじめ問題の多くは、いじめる側は「これがいじめなんだ」という自覚は希薄しているか、全く無意識で行動しているという事も有り得ると思うのです。

そういう意味からいえば、この私の少年時代から現在に至るまでの数十年の間に、「いじめる側」に立っていたという行動、言質は皆無であったとは、決して言い切れないのです。そう思うと。幾つかの場面が思い浮かんでまいります。

ここで何を言いたいのかといいますと、問題が正面化した背後には、その数十倍数百倍の「いじめ」は存在しているという事と、だから、軽々に「解決策」などを論じることはできないのだという事なのです。

言ってみれば、ここに記したように少年時代の「いじめ」を強烈なパワーに変える事も出来るし、そしてそれは、私だけの事ではなく、社会的地位を確立しておられる多くの方々が「少年時代のいじめが、発奮材料になった」と、むしろ懐かしそうに、感謝の気持ちも込めながら表現しておられます。

だからと言って、いじめそのものを肯定しているのでは毛頭ないのです。「お前はいじめを肯定しているのか」と短絡的に噛みついてくる「識者」が少なからずいますので、念のために書いておきます。

要は、先にも書いたように「いじめ問題は人間社会にはつきものなのだ」と腹をくくったところから、その都度、対症療法していくしかないのだと思うのです。実際、生徒指導専任教諭時代には、何件もの事例を経験し解決してきた体験から申し上げているのです。

ここでいう対症療法とは、その時に関わった全ての人間の心の奥底まで入り込み、一人一人の家庭環境、人間関係にまで踏み込んで、最終的には当事者同士「握手」するところまで持って行く、という事です。

一件落着となっても、また別のところで、様々に形態を変えて「いじめ問題」は勃発します。だから、「対症療法」という言葉を私は使ったわけです。

いじめる側には「これはいじめなんだよ」と、ある時は鉄拳制裁もいとわずに教え込む必要もあるし、こんこんと諭さなければならない場面もあります。

いじめられる側には、それに負けない勇気を植え付けることも必要なことの一つだと私は信じているし、実行してきたのです。

森信三先生の、一喝

私は三十代初めのころから、森信三先生には非常に可愛がっていただいていました。

「かわいがって」などと書くと、「天下の森先生に、何たる失礼な！」と目をむく「実践人」グループの何人かのお顔が浮かんで来るのですが、当時の私は「孫がじいちゃんに甘えるような」気持ちで、毎年の夏季研修会に参加していたのです。

「孫のような」というのは、その頃私の父は小学校の教師をしていましたが、森信三先生を、まるで神様のように尊敬していまして、崇め奉っていたのですが、その子供の立場である私としましては「どこか親しめる、親せきのおじいちゃん」という感覚で、森信三先生をとらえていたのでした。実際、お会いするたびに満面の笑みを浮かべて優しい言葉をかけてくださっていましたので。

父の書斎には森先生のご本がずらりと並んでいて、私は、別に父に進められた覚えは無いのですが、大学生の頃から時々持ち出しては単なる読書の一環として読んでいたのでした。その後、正式に中学校の国語科教員となってからは、下北半島の赴任先から帰省するたびに新しい本を勝手に借り受けて、かなり熱心に読んでいたのです。

書かれている内容の深遠さを知る由もない若造であった私は、「なんだ、普通の事を教えているだけじゃないか」と軽く受け止めるしか能がなかったせいもあって、父親世代が、森先生から戴いたはがき一枚を神棚に上げて喜んでいる姿を、奇異に感じていたほどだったのです。

「実践人夏季研修会」に参加し続けているうちに、日本中に「荒れる中学校」の旋風が吹き始めました。研修会の内容も、当然のようにその問題が中心となっていったのでした。

そんなある年の会場での一コマです。

全国各地から参集してこられる先生方は、皆、一騎当千の兵の風情がありました。次々と、自分の職場での問題行動を披露されます。森先生は、そんな様子をいつもと変わらない温和な表情で聴いておられました。

そのうち、一人の若い男の先生の発言に、初めて対応なさったのです。

「あなたもずいぶんと御苦労なさっていますね。で、あなたはその問題に対して、どういう行動をとられていますか」と物静かに問われたのです。いきなり森先生から質問されたその先生は、思わず「うっ」と言葉を詰まらせたきり、うつむいてしまったのです。

その瞬間です。森先生から裂ぱくの言葉が発せられたのです。

「だから、君は、ダメなんだ！　日教組が悪い、文部省が悪いと批判することは誰でも出来る。そんな中で、自分にはなにが出来るかを考え実践することが大事なんだ！」

会場は一瞬凍りついたように静まり返りました。あの、いつも笑みを絶やさない温和な森信三先生が鬼の形相で叱りつけたのですから。

しかし、数秒ののちには、森先生はいつもの柔和な表情になり、静かに、噛んで含めるように諄々と我々にご指導くださったのでした。

実は私自身もこの森先生の一喝を浴びた経験があるのです。

参加して二年目か三年目の三十代初めの頃です。少人数で談笑していた時の事です。

「木村君も、そろそろ、本を一冊書いた方がいいですねえ」とにこやかに話しかけられたのです。

一瞬、(本を書く？　この若造の俺が？　とんでもない。滅相もない)との思いを胸にしまって、「はあ。わかりました」とあいまいな返事をして、そのままそのことは完璧に忘れて、また、一年後に参加しました。

幾つかの講義が終わって夕食の席でのことです。そばを通りかかった私は森先生から呼び止められたのです。

「木村君。どうですか。出版の具合は。どの辺まで進みましたか」

あくまでも優しい、親せきのおじいちゃんの口調です。私は不意を突かれ、どぎまぎして「いやあ、実はまだ、何も……」と口籠ってお答えした瞬間です。

「まだ、書いていないのか！」

雷が落ちるとは、まさにこのことです。回りにおられた諸先輩たちが思わず腰を浮かせたほどの大声での叱責です。

このことがあって、さしもののんき者の私も本気になって実践記録をまとめ始めたのでした。そして、書き上げた原稿をお送りすると、なんと、穴があったら入りたいような、とんでもない「序文」を書き送ってくださったのでした。

それ以後、調子に乗った私は、未熟者の世間知らずで次々と自費出版を重ね、その都度「じいちゃん、また書いたよ。序文、お願いね」というような軽い気持ちで「序文」のおねだりを重ね、なんと、気が付いてみたら5回も森信三先生から自著への「序文」をいただくという、まれにみる僥倖を賜っているのです。

森先生がお亡くなりになってからも、私は数年に一度は「直接」森先生にお尋ねすることが続いています。そのたびに、あの柔和なお顔で「あなたの思うようにしたらいいですねえ」とお答えしてくださるのです。

同時に「それで、あなたは今、この問題に対して、そこまで知ったのなら、どういう行動をしているの？」という、心の奥まで射すくめるような森信三先生の鋭い眼光が蘇えってくるのです。

森信三先生から賜った「序文」のご紹介

前項に書きましたように私は三十代の頃、森信三先生から5回も、拙い実践記録に対しての「序文」をいただいておりました。

いただいた当初は、そのあまりにも当時の自分の気持ちと実力からかけ離れた内容でしたので、「いったい、この木村将人とは何者なのだ?」と、まるで他人事のように受け止めていたのでした。

そんなわけで、その後も現在に至るまでの三十数年間、「序文」そのものの存在さえ忘却の彼方に消えかかっていたのです。

ところが、この本の執筆が一段落してホッとしていたある日、久方ぶりの早朝の散歩に出かけた時、いつもするように朝の太陽を直視していたら、ふと、森信三先生から戴いた「序文」の事が思い出されてきたのです。そこで朝飯前に出社して、書棚から自著を探し出しほこりを払って改めて読み返してみました。

やっぱり、ドエライことを書かれたもんだという思いが真っ先に頭を駆け巡りましたが、同時に森信三先生のとてつもない深い愛情が、ストレートに我が全身に伝わってきたのでした。

今までは他人事のように受け止めていたため、森信三先生の真意のカケラさえも理解していなかった、この数十年間の己の不明を恥じ、心からお詫び申し上げたことでした。

そして、これからは、この五編の「序文」から決して目をそらすことなく、真正面から受け止めて今後の人生を歩んでゆこうとの覚悟が生まれてきたのでした。
そういう経緯から、面はゆい気持ちを極力抑え、思い切ってこの本に転載させていただくことにした次第です。

昭和五〇年（一九七五）年二月六日　発行　（当時　三二歳）
『信・愛・勇へのアプローチ』（自費出版）

序文

森　信三

木村将人君は津軽人である。
年はまだ三二歳の若さ。
その木村君が、
処女作を出すことになったのだ。
まことに

目出度しとも、目出度しである。

君が、
われわれ実践人同志の間で
知られだしたのは、
その卓れた文集『小国』によってである。
この『おぐに』は
一部の同志の間では
「第二の山びこ学校だ」といわれているが、
しかし「第二の」というのは時間的にいうのであって
内容的には「山びこ学校」を凌ぐこと
はるかだとは、衆評の一致するところだ。
だが、それはまだ刊行されてはいない。
いずれそのうち公刊されるであろうが。

それ故今ここに公にせられた『信・愛・勇へのアプローチ』が
君にとっては「処女作」というわけだ。
否、ひとり発表の順序からいって

処女作というばかりでなく
その書かれた順序からいっても最初のものである。
すなわちこの書は
君が初めて教職についたその日から
書き始めた記録なのである。
だが、それは、単なる「実践記録」というだけでなく
文字通り君の「生の記録」というべきものだ。
そして、わたくしのこの言葉の誤りでないことを
読者諸君は巻頭第一頁からして
看破せられることであろう。

何となれば、君は真っぱじめから
「紀子！　元気か。僕も元気だ
　安心あれ！」
というお惚気《のろけ》から始まる手紙なんだから
だが、わたくしのこの言葉をもって
この書に対する過少評価だと思ったら
それは飛んでもない錯覚というものだ。

何となれば、戦後我が国の教育記録の中で
自分の恋人・許婚者に対する
このような端的な愛情の表白から始まっている
如何なる記録があったであろうか。
否、それはひとり戦後とのみいわず
遠く明治期までもさかのぼっても
おそらく絶無といってよいであろう。

わたしが
君のこの書を読むことによって
真っ先に連想したのは
読者諸氏よ！　驚くことなかれ！
それは他ならぬペスタロッチ―だったのだ。
あの二〇〇通に余るラブレターを
恋人アンナに対して書いたペスタロッチ―だったのだ。

そうした意味からいえば
諸君！　驚くことなかれ

われわれは今、島国「日本」の東北の涯
津軽の山中において
なるほど「日本」的矮小さではあるが
ペスタロッチーの二葉ともいうべきものの芽生えを
ここに垣間みる想いがするではないか。

日本の若人たちよ！
教育界のヤングたちよ！
木村将人につづけ！
そして、君を追い抜け！
これこそが　やがて
われらの祖国「日本」の
「教育再建」への真道であり
大道なんだから

昭和五〇年元旦　　尼崎市今北の片隅にて

昭和五十一年（一九七六年）十一月十五日　発行（当時　三十三歳）
『海　へき地五級地の子供たち　』（自費出版）

木村将人君については、今日「実践人」同志の間では知らない人は、ほとんどないといってもよいであろう。何となれば弱冠三十歳にして一部の人びとから「第二の山びこ学校」といわれる名著『小国』を刊行したからである。

従って序文といっても、今さら書くほどのこともないのであるが、唯この書をひもとけばすぐに分かるように、この書に記されている内容は、実は年次的には『小国』の前にいた学校の記録なのである。

ところで、この記録を読んで驚いたのは、木村君があの「小国」在任中に発揮したエネルギーは、実はこれに先立つこの牛滝校時代における蓄積であって、根は、むしろこの方が太いといってもよいであろう。従って『小国』におけるあの絢爛たる開花は、むしろここで蓄えられたエネルギーの全的発現だったわけである。

しかも木村君には、実はこのへき地五級地牛滝校以前にもう一つのへき地五級地野平校時代というものがあり、さらにその前の教師生活一、二年目の田名部校時代の記録は『信愛勇へのアプローチ』と名づけられて、少部数ながらすでに刊行せられているのである。従って「木村将人研究」の為には、人びとは上記三冊の記録を年次を追って仔細に検討する必要があるわけである。

「木村将人研究」などといえば、人によってはピンとこない人もあるかと思うが、しかし我われにとって真に身になり力になる研究というものは、卓れた資質を恵まれた、同時代の捨身懸命の努力の足跡に虚心に学ぶという謙虚な人間的態度によって、最も多くを学び得るというのが、わたし自身のもつ深い所信とて敢えてこの言を為すのである。

とにかく木村将人君に対して関心を持たれる人々にとっては、この書はヤハリ必読の書といってよいであろう。

昭和五三年（一九七八）年七月三〇日発行　（当時　三十五歳）
『ハガキ通信　信　愛　勇
―一七人と誌友師恩に生かされて―』（自費出版）

木村将人―という名を知らない人は、誌友の中におそらく一人もいないであろう。つまり、君の「存在」は、それほど広くかつ深く、同志の間に浸透しているというわけである。

では、それは一たい何故であろうか。想うに、君という一人の「人間」の動きが、つねに強大な波紋を描きつつあるためである。すなわち君の全生活の一切が、その強靭無比なエネルギーを、つねに一点に凝結させながら、対象に向けて投げつけ、投げしつつそれが火を発し、やがてその火は延焼し、ついに滔々たる野火となり、今やそれは巨大な山火事になりつつあるかの観がある。

君の生活地点は、現実には日本の東北端ともいうべき津軽の一隅であり、さらに限定的にいえば、霊山「岩木」の東北山麓の一寒村でしかない。しかも渺たるその一地点における君の精神的な教育実践は、「信愛勇」というハガキ通信に刻まれつつ、君の教えた全卒業生の他、われら「実践人」同志の間にも広くその支持者を得つつある現状である。そしてそれが今や一〇〇号に達したのを機として一冊にまとめられたというわけである。

君の年齢はまだ「而立」を越えること四、五年という若さである。今やわれらの民族の当面しつつある重大な危局を想う時、君のこのハガキ通信「信愛勇」のもつ意義の如何に重大なるかを念わずにはいられない。よって、ここに所懐の一端を記して「はなむけ」とする次第である。

森　信三

昭和五十三年　夏

昭和五五年（一九八〇年）三月十五日　教育報道新聞社から出版『生徒とともに歩む道で』（当時　三十七歳）

序

森　信三

木村将人君がまたもや書物を公にすることになった。まことに「旺《さか》んなり」というべしである。まだ三十代の後半だというのに。これまで既に幾冊かの書物を出してきた君なのにーーである。それらはいずれも真摯な教育の実践記録であって、その中には『小国』のように、その名を広く全国的に知られて、心ある人々から「第二の〝山びこ学校〟」と評せられた書物などもあるのである。

とにかく木村将人といえば、われわれ「実践人」同志の間では、一種超人視せられているとさえ言えよう。とくに最近九州八代の徳永康起氏が亡くなってからは、君が三十代半ばの身でありながら、氏の後継者と目されている人々のうち筆頭第一位とみられだしたようである。

ところで、今度の書物は、これもまたへき地教育の一種ではあるが、しかし、今度の本はこれまでの様に大都会から極遠の地にあるへき地とは全くその趣を異にし、何人にも直ちにへき地と分かるような不便極まりない土地と違って、青森県下でも一、二の都会の背後に、いわば隠されていた一つの寒村部落であって、いわば〝落ちこぼれたへき地〟とでもいえる一寒村なのである。

そこで今度の本の魅力は、こうした一見へき地とも気づかれぬような寒村の荒廃の只中に投げ込まれた君が、一体どのような地点からその活動に着手し、そして、どの様な成果を挙げつつあるかという点であって、それらの点が実に生き生きと活写せられており、これまでの君の書物とは、かなりにその趣を異にするものがあるといえよう。

勿論、そこには生徒たち自身の日記や作文などがフンダンに盛られていることはいうまでもないが、そこには更にこれまで永い間埋もれていて聞かれなかった父兄たる津軽の農民の〝声なき声〟も聞かれるわけであって、巨人木村将人君の成長ぶりにはまことに驚嘆瞳目の他ない。

昭和五五年（一九八〇）五月十日　東京・たいまつ社刊
『信・愛・勇への教師像』（当時　三十七歳）

序

森　信三

木村将人君は、津軽の生んだ若き「英豪」である。心・身共に、まるで牡獅子のような逞しさである。

最近も君は、有名な成田不動にこもって、七日間の断食を敢行したが、しかもその間彼は、水ごりの「行」までもしたという。

幕末から維新の変革期に活躍した先人たちは、何れも日本の最西南の地から出現したのである。吉田松陰や高杉晋作然り。そして西郷南州、大久保利道までがそうである。

今や世界的な規模で「変革」が開始しようとしている一九八〇年代に、わが木村将人君は、本土の最東北たる津軽の地で、その獅子吼をはじめたのである。

そもそも辺境の地に育つということは、国と民族の動きを、常にある視覚に立って眺め、かつ把握しようとするが故に、力の平板な拡散に陥入らぬわけである。

虎は嵎《ぐう》を負うて起つ―というが、わが若き英豪木村将人君の姿勢には、この趣を思わすもの無しといえないものがある。

君の実践記録たる文集『小国』は、心ある人々から、「山びこ学校」を越えるものと言われるが、それには君の生まれ育った地が、本土の極北たる津軽だったことも、必ずしも無縁ではないともいえよう。

何となれば、『小国』ではその教え子の父兄は、ほとんどが出稼ぎ家庭だったのであり、そこにはこうした時代的な「悲劇」が色濃く色づけられているが故である。

かくして君の逞しい教育活動は、戦後のアメリカ的新教育の外皮をかなぐり捨てて、このような現実の「悲劇」と四つに取りくむことにより、民族の根源のエネルギーを掘り起こした地点から噴出しているわけである。

そしてこれを証（あかし）する証拠は何かといえば、君がこの書に対して「信・愛・勇への教師像」と名づけた処にあるといえよう。

なるほど戦後の模写的新教育理論にも「愛」というコトバがありはした。しかしそれは「信」と結合し、いわんや「勇」と切り結ぶほどの力強さに至っては、いわゆる戦後教育書の中には、それこそ皆無といってよいだろう。

今や「世界的維新」ともいうべき一九八〇年代の初頭に、日本の極北の地に掲げられたこの「信・愛・勇」の炬火こそ、退廃の底に陥入った「戦後教育」を救うべき、一つの真実な火種となるーと言えるのではあるまいか。

おわりに

書きたいことはほぼ書き尽くしたなあと、ホッとして「あとがき」を書く段になった時、唐突に思い出されたことがあります。それは、一通の「祝電」の文面です。

この本の出版に、いつもながら枝葉末節に至るまで気を配ってくれた高木書房の斎藤信二社長さんからものです。

4年前（平成25年）、家内を亡くした時、さすがに落胆し「こんな気持ちで、通夜・葬式を執り行えるだろうか」と本気で心配したほどに落ち込んでいました。そんな中、全国各地の友人知人からたくさんの弔電をいただいたのですが、その中にかなり長文のものがあり、それが斎藤社長さんからのものだったのです。

「奥様の訃報に接し、どんなにか落ち込んでいるかと思うとなぐさめのことばもございません。それで、奥様の言葉をお伝えします。いつだったか奥様に新青森駅に送っていただいたときのお言葉です。『何もわからず青森に嫁に来たんです。私は自然が大好きで、今は野菜やお花を栽培しています。本当に心が満たされています。主人は好きなことをやっています。それがあの人に合った生き方だと思うので、私は何も言いません。でも、木村は私にはふさわしい夫です』と言っていました。とてもうれしそうに、幸せそうに。奥様の言葉を胸に、これからもしっかりと自分の道を歩んでください。」

私はこの「弔電」がまるで「祝電」のように心に響いたのです。そのおかげで、気を取り直し無事に葬儀の務めを果たせたのでした。

本文に書いた仲宗根さんの言葉といい、この「祝電」の中の家内の言葉といい、私は今、はっきりと亡き家内によって生かされ導かれていることを実感しています。

この本も、そういう意味で、家内によって書かされたのだと思っているのです。

ありがたいことです。

もう一言。幼いころから父親らしいことは何一つしてこなかった「ダメおやじ」を、まるで末弟のように、たしなめ、面倒を見てくれてきた、私の三人の子供たちにも心から感謝の意を表します。特に、全国浄化用の「特別仕様の製品」作りには、時々、三者三様に画期的なアドバイスをしてくれ、その上に無理難題な製造注文にも「縁の下の力持ち」として膨大な量の「特別製品」を一手に引き受け作ってくれました。三人の子供たちの協力なくしては、私の「自主的浄化行脚」はなし得なかったし、この本の誕生もなかったのでした。

何だか女々しい「あとがき」になってしまいましたが、どうしても書いておきたくてペンを走らせました。

最後までお読みいただきまして、ありがとうござい9ます。

２０１７年6月１9日

木村将人

和紙に書いた『真剣』の文字。

私が２４歳で公立中学校の教師になって以来、私の担任学級の正面に掲げ続けたものです。今回の出版を期して、捜し出しました。

『信愛勇』の旗とともに、忘れがたい私の「宝物」です。

参考文献

『ハワイの秘法』 ジョー・ヴィタリー イハレアカラ・ヒューレン共著 PHP
『豊かに成功する「ホ・オポノポノ」』イハレアカラ・ヒューレン著
ソフトバンククリエイティ株式会社
『アロハ！』イハレアカラ・ヒューレン著 サンマーク出版
『ウニヒピリ』 イハレアカラ・ヒューレン著 サンマーク出版
『ホ・オポノポノの教え』 イハレアカラ・ヒューレン著 イースト・プレス
『アトランティス』 フランク・アルバー著 コスモ・テン・パブリケーション
『知花先生に学ぶ 風天のおもしろ話』 重川風天著 高木書房
『フリーエネルギー版 宇宙にたった一つの神様の仕組み』 飯島秀行著 ヒカルランド
『ぜんぶ実験で確かめた 宇宙にたった一つの神様の仕組み』飯島秀行著 ヒカルランド
『フリーエネルギー』 飯島秀行著 テネモス国際環境研究会
『真理は実践から』 飯島秀行著 新日本文芸協会
『眠るが如く死ぬために』 豊岡賢治講演録 木村将人編集
『元気脳 脳健康』 豊岡賢治著 グラフ社
『オームラ博士の挑戦 O - リングテスト』 児玉浩憲著 医道の日本社
『いま人に聞かせたい神さまの言葉』 船井幸雄＋中矢伸一 徳間書店
『未来への言霊』 船井幸雄著 徳間書房
『あるユダヤ人の懺悔 日本人に謝りたい』 モルデカイ・モーゼ著 日新報道
『日本人は死んだ』 M・トケイヤー著 日新報道
『新 日本人は死んだ』 M・トケイヤー著 日新報道
『エイリアンインタビュー』 ローレンR・スペンサー編集
『東京に震度９ 東京を守っていたのは“宇宙の人”だった Ｃｈｉｒａｎ著 サンズ
『一沈一珠』 木村将人著 津軽書房
『なぜ学校は今も荒れ続けるのか』 木村将人著 致知出版
『まごしら先生 ぬくもり通信』 木村将人著 津軽新報
『日本再生への道』 木村将人著 五曜書房
『信愛勇へのアプローチ』 木村将人著 自費出版
『信愛勇への教師像』 木村将人著 たいまつ社
『海』 木村将人著 自費出版
『はがき通信 信愛勇 十七人と師友師恩に生かされて』 木村将人著 自費出版
『生徒とともに歩む道で 教育の原点を求めて』 木村将人著 教育報道出版社

木村将人《まさと》プロフィール

昭和１７年（１９４２年)、青森県黒石市生まれ。東奥義塾中・高校を経て、昭和４２年、東洋大学文学部国文学科卒業。
以後、青森県各地で中学校教師を勤める。その間、へき地教育１０年、生徒指導専任教諭９年、知的障害学級担任７年を経験する。生徒指導専任教諭時代には、青森県警本部長賞を受賞。

平成１３年３月、定年まで２年を残して、３４年間の教師生活を終える。
平成１４年７月、仲間とともに「企業組合縄文環境開発」を設立する。
平成 21 年９月、企業組合を円満解散し、「株式会社縄文環境開発」を設立し代表取締役となり現在に至る。

企業活動を行う傍ら、講演活動も行っている。
主な講演テーマは、「なぜ、学校は今も荒れ続けるのか」「日本再生への道」「体の健康・地域の健康」「縄文式波動問診法で電磁波の害を体得し、その対策を知る。」「宇宙エネルギーとその活用方法」等々。

現在の役職
- 株式会社 縄文環境開発　代表取締役
- 縄文研究所 所長（「縄文式波動問診法」の伝達講師・宇宙エネルギーの応用研究 ）

著　書
『信愛勇への教師像』（たいまつ社）『まごじら先生ぬくもり通信』（津軽書房）
『ドラマのある学級経営』（明治図書）『一沈一珠』（津軽書房）
『なぜ学校は今も荒れ続けるのか』（致知出版）『日本再生への道』（五曜書房）
『太宰治一聖書を中心としてー』（高木書房）
『りんごの町・板柳と、ちっちゃな会社の大きな挑戦』（高木書房）等、計１２冊。
他に、雑誌等への連載、寄稿多数。

わかったこと、やって来たこと。
そしてまた、わかったこと・・・。

全ては、宇宙が教えてくれた

平成29（2017）年7月18日　第1刷発行
令和6（2024）年4月17日　第2刷発行

著　者　　木村　将人
発行者　　斎藤　信二
発行所　　株式会社　高木書房
〒116-0013
東京都荒川区西日暮里5-14-4-901
電　話　　03-5615-2062
FAX　　03-5615-2064
メール　　syoboutakagi@dolphin.ocn.ne.jp
装　丁　　株式会社インタープレイ
印刷・製本　株式会社ワコー

　ISBN978-4-88471-453-6　C0011